Erwachen des Dharma

Erwachen des Dharma

Śrī Tathātas Botschaft und sein Leben

Verein Tathata Vrindham

ISBN 9-78374483142-0

Herstellung und Verlag: BoD
Books on Demand, Norderstedt.

Bibliografische Information der Deutschen Nationalbibliothek: Die Deutsche Nationalbibliothek ver-
zeichnet diese Publikation in der Deutschen Natio-
nalbibliografie; detaillierte bibliografische Daten
sind im Internet über dnb.dnb.de abrufbar.

Danksagung

Wir danken Śri Tathāta, dass er uns mit der Aufgabe betraut hat, Erwachen des Dharma zu übersetzen und zu veröffentlichen. Śri Tathātas Unterweisungen und seine Lebensgeschichte wurden von vielen Menschen bereits sehnsüchtig erwartet und es ist uns eine große Ehre unseren Lesern den immensen spirituellen Reichtum zu präsentieren, den er uns zur Verfügung stellt.

Hardela Publications

Verein Tathāta Vrindham

Vorwort

Dieses Buch besteht aus zwei Teilen. Im ersten Teil rüttelt uns Śrī Tathāta mit seiner tiefen Weisheit auf, damit uns unsere eigenen Schwächen und die Fehlentwicklung der heutigen Gesellschaft bewusst werden. Dieser Teil ermöglicht es uns, die Bedeutung des Dharma klar zu verstehen. Dharma ist der lebendige Beitrag der indischen Tradition zum Wohl der ganzen Menschheit.

Im zweiten Teil erzählt Śrī Tathāta selbst von den wichtigen Begebenheiten und wundervollen Erfahrungen seines Lebens. Es ist kein umfassender Lebensbericht, sondern es werden jene Ereignisse erzählt, die Śrī Tathātas Autorität begründen, den Dharma zu lehren.

Wir haben die Absicht, auch in Zukunft weitere Bücher mit der Botschaft von Śrī Tathāta herauszugeben. Wir vertrauen der Führung durch das göttliche Licht.

Der Ashram von Śrī Tathāta

Anmerkungen der Herausgeber

Wir haben den gesprochenen Stil der Lehren, so wie sie uns von Śrī Tathātas Ashram übermittelt wurden, beibehalten, da er selbst diese Unterweisungen ursprünglich mündlich gegeben hat.

Insbesondere haben wir den häufigen Wechsel von der ersten Person (Ich) zur dritten Person (Tathāta) beibehalten, den Śrī Tathāta beim Sprechen oft benutzt. Tathāta bedeutet: „Der, der Das ist" und die häufige Verwendung dieses Namens deutet an, dass der Erzähler, sich von seiner Persönlichkeit distanziert und sich mit seiner wahren Natur identifiziert, der Wahrheit, der Wirklichkeit.

Aus stilistischen Gründen und um schwerfällige Formulierungen, wie Mann/Frau und Er/Sie zu vermeiden, haben wir „Mann" und „Er" aus dem Original beibehalten, um die Menschen allgemein zu bezeichnen.

Die Sanskritbegriffe haben wir bis auf wenige Ausnahmen wie *Rishi* (ṛṣi) in ihrer üblichen Transliteration belassen, die vielen Lesern in dieser Form vielleicht schon bekannt ist.

Die Fußnoten stammen vom Herausgeber.

Inhalt

Teil eins

Botschaft für die Welt

Habt ihr jemals über das Ziel der Schöpfung nachgedacht? Schöpfung ist die Manifestation von Etwas, das es zuvor noch nicht gab. Im Ursprung gab es dieses Universum noch nicht, nur die Urquelle existierte. Wir können sie Gott, Höchstes Bewusstsein oder Reine Leere nennen.

Die Urquelle manifestierte sodann die Schöpfung, aber warum? Mit welcher Absicht? Ging es einfach nur darum, irgendetwas zu tun oder war es ein absichtsvoller Akt? Die Rishis [1] der alten Veden [2] sagen, dass die Schöpfung eine Absicht hat. Sie besteht darin, dass alle lebenden Wesen vollkommene Göttlichkeit erlangen. Durch dies Ziel erhält das Leben als zentraler Bestandteil der Schöpfung seinen Sinn.

Der Prozess der Evolution

Schöpfung bedeutet Evolution. Die Welt wurde nicht in der heute sichtbaren Form erschaffen, sondern sie ist das Resultat eines langsamen, aber stetigen Evolutionsprozesses. Jedes einzelne Element der Schöpfung existiert auf einer bestimmten Stufe der Evolution. Gleichzeitig trägt es das tiefe Bedürfnis in sich, zur nächsthöheren Ebene der Schöpfung voranzukommen. Steine und Mineralien befinden sich auf der untersten Stufe des Evolutionsprozesses, während der Mensch ganz oben steht.

Der tiefe Wunsch, die Leiter der Evolution hinauf zu klettern, ist eine innere Eigenschaft von jedem einzelnen Element der Schöpfung. Dieser Impuls ist der Wille Gottes, der sich im innersten Kern eines jeden Geschöpfes zeigt.

---

[1] Rishis: Heilige, Verfasser der Veden
[2] Veden: älteste Texte der indischen Literatur

Diese Sehnsucht, die den Willen Gottes widerspiegelt, manifestiert sich als Aktivität. Denn nur durch aktives Tun kann die Evolution voranschreiten.

Der Mensch scheint der krönende Abschluss der Evolution zu sein. Einige moderne Wissenschaftstheorien vertreten diese Ansicht. Doch das kann nicht stimmen, denn wir sehen, dass auch der Mensch noch im Zustand der Unruhe lebt. Er ist auf der Suche nach etwas Anderem, etwas Höherem.

Die einzige logische Schlussfolgerung ist, dass die Evolution mit dem Menschen noch nicht beendet ist. Das derzeitige menschliche Niveau ist nur eine Etappe im Prozess.

Der Ruhepunkt

Handlungen enden mit Untätigkeit, Arbeit endet in der Ruhe und der Tag mündet in die Nacht. Was könnte demnach das letzte Ende aller inneren und äußeren Bewegungen der Geschöpfe sein? Ein Fels zum Beispiel zeigt keinerlei äußere Bewegung, aber in seinem Inneren ist das ganz anders. Wir alle wissen um die Bewegung der Atome und ihrer Teile.

Im Bereich der Lebewesen sehen wir die Aktivität sowohl innen als auch außen. Jetzt könnte man sagen, dass der Tod der Ruhepunkt der Geschöpfe sei, aber das ist nicht korrekt, denn auf den Tod folgt eine neue Geburt, und dieser Prozess vollzieht sich immer und immer wieder. Es muss also einen höheren Ruhepunkt geben. Dieser höhere Punkt wird Gott genannt. Deshalb sind alle Aktivitäten der Schöpfung auf Gott ausgerichtet.

Vollkommene Göttlichkeit

Ihr werdet erstaunt sein, wenn ich sage, Gott zu erreichen sei nicht das Ende der Reise. Natürlich ist es ein erster Schritt, aber danach müsst ihr zurückkommen und in der Welt leben, erfüllt von Gottes Gegenwart und Herrlichkeit. Das ist der Beginn eines neuen Lebens, eines Lebens in ewiger Seligkeit, Freude und Zufriedenheit. Ihr erreicht Unsterblichkeit! Das ist das volle Erblühen des Lebens. Man könnte es Realisierung der vollkommenen Göttlichkeit nennen, und genau das ist in Wahrheit Sinn und Zweck des Lebens.

Alle Teile der Schöpfung bewegen sich auf die göttliche Vollendung zu und darin liegt die Erhabenheit der Schöpfung. Der Mensch muss sein Leben auf die Erfüllung seines Lebenszieles ausrichten. Er hat keine andere Wahl; es ist das Gesetz der Natur. Lebt der Mensch auf andere Weise, so wird sein Leben voller Leid und Kummer sein.

Das menschliche Leben wird von allen gepriesen, und das ist auch richtig so, da der Mensch das edelste Wesen der Schöpfung ist. Der Adel des Menschen liegt in seiner Fähigkeit, vollkommene Göttlichkeit zu erreichen. Andere Teile der Schöpfung müssen noch einen weiten Weg zurücklegen, um Vollkommenheit zu erreichen. Der Mensch aber hat diese Stufen schon in früheren Stadien der Evolution zurückgelegt. Nun ist er reif, das höchste Ziel zu verwirklichen.

Der göttliche Wille

Die erste Hymne des *Rig-Veda* preist Gott als Schöpfer des Universums. Sie legt dar, dass das Göttliche schon immer das Wohlergehen der Schöpfung wollte und die Welt zu einem immerwährenden dynamischen Sein erweckte. Gott ist kein neutraler Beobachter dort oben auf dem Berg, sondern er nimmt aktiven Anteil am Wohl der Welt. In Wirklichkeit lenkt er das Universum und weist den Weg. In diesem Sinne können wir uns glücklich schätzen, denn das Göttliche kann uns niemals auf den falschen Weg führen.

Gott kennt sowohl den Anfang als auch das Ende und weiß, was das Beste für uns ist. Niemand könnte das jemals besser. Deshalb betonen die Rishis des Rig-Veda, dass Gott schon seit Anbeginn der Zeit immer nur das Wohlergehen der Schöpfung wollte. Dieser Wille ist Sinn und Zweck der Schöpfung.

Gott ist voller Mitgefühl. Er erhält und nährt unser Leben und er zeigt uns den Weg zur Erfüllung. Gottes Herrlichkeit ist grenzenlos.

Die Herrlichkeit der Liebe

Gott ist die Verkörperung der Liebe. In den Veden heißt es, dass Liebe der Stoff ist, aus dem Gott die Welt erschuf. Die ganze Schöpfung besteht aus Liebe. Selbst die moderne Wissenschaft hat erkannt, dass die Galaxien durch Anziehungskraft zusammen gehalten werden. Jede kleinste Einheit, selbst ein Molekül oder ein Atom, besteht durch diese Kraft.

Generationen von Menschen pflanzen sich durch die Kraft der Anziehung zwischen den Geschlechtern fort. Weder die Familie noch die Gesellschaft oder die Nationen könnten überleben und vereint bleiben, wenn diese Anziehungskraft, die nichts anderes als Liebe ist, sie nicht zusammenhalten würde.

Kannst du dir eine Welt ohne Liebe überhaupt vorstellen? Wer würde in solch einer Welt leben wollen, und wofür? Ohne Liebe gibt es weder Leben noch Glück oder Freundschaft. Die Rishis erkannten diese Wahrheit schon vor langer Zeit und betonten deshalb kühn, dass Liebe der Stoff ist, aus dem das Universum gemacht ist. Das Göttliche selbst ist eine Verkörperung der Liebe. Es kann nicht anders sein.

Die Rishis – Pioniere der menschlichen Rasse

Die Rishis waren außergewöhnliche Wesen. Ihr ganzes Leben war der Suche nach Antworten auf die großen Fragen des Seins gewidmet. Sie waren Pioniere der menschlichen Rasse. Die Rishis hatten eine außerordentliche Kraft des Verstehens erworben und ihr Geist war so klar und rein wie Kristall. Durch diese Reinheit enthüllte sich ihnen die Realität selbst in ihren Visionen und wurde in den Veden zusammengefasst. Die Veden sind ein uralter Schatz der Menschheit, der auch heute noch von großer Bedeutung für uns ist.

Später verbreiteten große Meister wie Buddha und Jesus Christus die Botschaft der Liebe und des rechten Lebenswandels unter den Menschen.

Sie führten die Menschheit im Einklang mit dem vedischen Wissen. Auch Tathāta bringt euch heute die gleiche Botschaft, die Botschaft der Liebe. Erinnert euch immer daran, dass Liebe alles ist. Möge euer Leben tief im Grund der Liebe verwurzelt sein, möge es wachsen bis hoch in den Himmel der Liebe und erblühen in immerwährender Liebe!

Liebe ist der Anfang, die Mitte und das Ende. Es gibt keine wertvollere Tugend als die Liebe. Sehen wir uns aber in der heutigen Welt um, so könnten wir verzweifeln, denn die Liebe ist ein seltenes Gut geworden. An Hass herrscht kein Mangel, aber Liebe ist sehr schwer zu finden und das ist eine bedauernswerte Situation.

Schaut euch um!

Überall auf der Welt sind die Menschen äußerst unzufrieden. Sie leiden an diesem oder jenem Problem. Kummer, Verlust, Tod und Krankheit überschatten tagaus tagein ihr Leben.

Bis auf den Menschen führen alle anderen Lebewesen auf der Welt ein recht glückliches Leben. Schaut euch um, seht wie der Schmetterling jeden Moment genießt. Die Vögel singen voller Entzücken. Tiere machen Luftsprünge vor Freude. Sie genießen das Leben. Was ist denn den Menschen geschehen, warum sind sie so traurig? Können wir Gott die Schuld am Leiden der Menschheit geben? Oder ist es nicht doch von uns selbst gemacht? Lasst uns noch einmal über die Tierwelt nachdenken!

Kein Tier sorgt sich um die Zukunft oder denkt daran, Futter für den nächsten Tag zurückzulegen. Tiere haben kein Bankkonto und keine Versicherung; sie bauen keine Mauern und treten keiner politischen Partei bei. Sie besuchen keine Schulen oder Universitäten, um etwas über das Leben zu lernen, und trotzdem sorgt das Leben für sie und ernährt sie. Sie leben, gedeihen und sterben im Herzen des Seins, ihr Leben ist so sorgenfrei.

Die Qualität unseres Lebens

Der Mensch ist stolz auf seine übergeordnete Stellung in der Natur. Aber es ist dringend notwendig, zu überprüfen ob die Qualität unseres Lebens genauso überragend ist.

Liebe, Freundlichkeit, Offenheit, Selbstlosigkeit, Harmonie und Freude sind die höheren Wesensmerkmale der menschlichen Art. Aber sie fehlen schmerzlich in unserem Leben. Stattdessen zeigen wir Hass, Eifersucht und Besitzgier. Es mag sein, dass es uns gelungen ist, die äußere Welt zu erforschen. Die Errungenschaften der modernen Wissenschaft sind ganz erstaunlich. Doch sie sind nicht das Kriterium, um den wahren Erfolg des Menschen zu messen. Die entscheidende Frage ist, ob wir wahres Glück gefunden haben.

Es ist absurd, zu glauben, dass die Wissenschaft alle Probleme der Menschheit lösen könne. Wir erfinden Medikamente gegen eine Krankheit, während zehn neue entstehen, für die es keine wirksame Medizin gibt. Bis heute hat die medizinische Forschung darin versagt, wirkliche Heilmethoden für Krebs, Herzinfarkte, AIDS und andere chronische Krankheiten zu finden.

Tatsächlich erkranken jeden Tag immer mehr Menschen. Obwohl die Wissenschaft Fortschritte gemacht hat, konnte die Sterberate nicht wesentlich gesenkt werden. Immer noch sterben viele Menschen durch Unfälle, Naturkatastrophen, terroristische Attentate usw.

Ohne es zu wollen bewirken viele unsere Errungenschaften oft genau das Gegenteil.

Wir haben hoch entwickelte Kriegswaffen erfunden und Tausende von Atomwaffen lagern rund um die Welt. Dieses Waffenarsenal hängt wie ein Damoklesschwert über unserem Leben: In Sekundenschnelle könnte ein aus dem Gleichgewicht geratenes Staatsoberhaupt oder der Anführer einer terroristischen Vereinigung die menschliche Zivilisation auf der Erde auslöschen.

Jeder will über den anderen bestimmen: Der Ehemann über seine Ehefrau, und die Ehefrau über ihren Ehemann. Und am Ende geht die ganze Familie zugrunde. Der Wunsch andere zu dominieren hat in allen Bereichen des Lebens alarmierende Ausmaße angenommen. Religionen, politische Parteien, Regierungen und andere Institutionen sind für diese Entwicklung verantwortlich. Als Ergebnis ist die Welt in schreckliche Schwierigkeiten geraten. Kriege wüten, terroristische Vereinigungen töten unschuldige Menschen und unser persönliches, familiäres, soziales und nationales Leben bricht auseinander. Welche Größe haben wir bisher erreicht, die wir für uns in Anspruch nehmen können?

Die Macht der Natur

Glaubt nicht, dass die Natur für immer eine passive Beobachterin bleiben wird. Eines Tages wird sie reagieren. Tatsächlich hat sie schon begonnen, uns Warnsignale in Form von Naturkatastrophen wie Tsunamis zu schicken. Glaubt nicht, dass der jüngste Tsunami[1] zufällig geschah. Nein, er ist ein Signal der Natur. Ihr könnt euch die Macht von Mutter Natur gar nicht vorstellen. Der Mensch und seine Errungenschaften sind nichts im Vergleich zu ihr.

---

[1] Bezieht sich auf den verheerenden Tsunami von 2004.

Nehmt euch in Acht vor ihrer Macht! Es ist höchste Zeit aufzuwachen und unsere Fehler zu erkennen.

Die Meister haben erklärt, dass der Mensch das Lieblingskind von Mutter Natur ist. Das ist vollkommen richtig, doch warum grollt sie uns jetzt? Die Natur ist wie eine Mutter, die nicht will, dass ihre Kinder auf Abwege geraten. Also warnt sie uns, leider ohne Erfolg. Dann übt sie etwas Druck aus, immer noch vergeblich. Jetzt hat sie beschlossen, uns härter anzupacken. Der Tsunami war ein Weckruf von Mutter Natur – versteht ihr das nicht?

Wir sollten ihre Geduld nicht weiter auf die Probe stellen, ich flehe euch an, geht dieses furchtbare Risiko nicht ein.

Wir sind verantwortlich.

Mit wissenschaftlichen Methoden sind diese Probleme nicht dauerhaft zu lösen. Die wahre Lösung muss aus unserem Inneren kommen, denn letztlich sind wir für alles selbst verantwortlich.

Im Verlauf eures Lebens habt ihr den falschen Weg eingeschlagen und ihr geht weiter in die falsche Richtung. Nun befindet ihr euch auf der letzten Station vor dem Punkt, von dem es kein Zurück mehr gibt. Deshalb müssen alle, die sich retten wollen, augenblicklich umkehren. Ein anderer Zug, der in die richtige Richtung fährt, kommt in diesem Moment an. Tathātā sitzt darin und fordert euch auf, an Bord zu kommen. Ihr habt die Wahl, vergesst das nicht!

Die Konsumgesellschaft

Die Konsumgesellschaft basiert auf dem Prinzip der Nützlichkeit.

Das ist die zu Grunde liegende Ethik der Gesellschaft. Doch das Prinzip der Nützlichkeit sollte nicht ins Zentrum des menschlichen Lebens gestellt werden!

Kinder! Der Zusammenbruch des Familienlebens geschah aus diesem Grund. Wir versuchen, unsere alten Eltern loszuwerden, wenn sie für uns nutzlos geworden sind. Genauso, wie wir ein altes Auto entsorgen. Das Gleiche gilt auch für die Beziehung zwischen Ehemann und Ehefrau, Meister und Schüler, Arbeitgeber und Arbeitnehmer und so weiter. Aber menschliche Beziehungen sollten niemals am Grad ihrer Nützlichkeit gemessen werden.

Fragt eure Kinder nach ihren Zielen im Leben. Ihre Antworten werden meist ähnlich sein und soziale Normen widerspiegeln: Mehr Geld verdienen, mehr Macht haben und größeren Ruhm erreichen, das scheinen ihre einzigen Anliegen zu sein. Kein Kind würde sagen, dass es sein Ziel sei, ein guter Mensch zu werden. Aber dafür können wir unsere Kinder nicht verantwortlich machen. Der Fehler liegt in der Gesellschaft, deren Denken auf das Nützlichkeitsprinzip fixiert ist. Die Gesellschaft würde fragen: „Was für einen Sinn hat es, ein guter Mensch zu sein, wenn das nichts einbringt? Sei ein Dieb, kein Problem. Hauptsache es springt Geld dabei heraus." Sobald jemand Geld im Überfluss hat, kümmert es niemanden mehr, wie er zu seinem Geld gekommen ist, ob durch Mord, Plünderung oder Bestechung. Geld ist wie ein Weißmacher, den wir benutzen, um unsere Missetaten zu verdecken.

Das innere Verlangen der Seele

Unsere Seele jedoch begehrt weder Geld, noch Macht, noch Status.

Sie hat schon immer nach etwas Anderem verlangt, aber wir haben ihre tiefe Sehnsucht nicht verstanden, noch wussten wir sie zu stillen. Deshalb führen reiche Menschen oft ein oberflächlicheres Leben als andere Leute. Sie haben viele äußere Besitztümer, aber innendrin sind sie wie Bettler.

Die Zeit ist gekommen, dass wir unser Leben und unsere Ziele neu überdenken. Normalerweise sind wir nicht in der Lage, das wahre Ziel und den Sinn unseres Lebens zu verstehen. Der Hauptgrund dafür sind die Ideen der Gesellschaft, die uns prägen. Denn immer, wenn wir denken, denken wir im Geist der Gesellschaft. Tatsächlich haben wir die Werte der Allgemeinheit verinnerlicht. Wir leben in einem Gefängnis, das den Namen Gesellschaft trägt. Aber wir nehmen es nicht wahr, denn wo auch immer wir hingehen, treffen wir nur andere Gefangene. Unsere Seele will das Eine und unser Geist will das Andere. Dieser Konflikt zwischen Seele und Geist ist der Hauptgrund für all unserer Probleme. Wie lösen wir diesen Konflikt auf? Dazu müssen wir die tiefe Sehnsucht unserer Seele verstehen, die fortwährend in uns brennt.

Der ursprüngliche Verstand

Schließt die Augen und wendet eure Aufmerksamkeit nach innen. Spürt ihr nicht das innere Unbehagen? Fühlt ihr nicht die tiefe Unzufriedenheit, die euch immer folgt? Wenn ihr arm seid, so wird euch der Verstand sagen, dass ihr unglücklich seid, weil ihr kein Geld habt.

Wenn ihr an einer Krankheit leidet, so wird der Verstand sagen, dass ihr deswegen unglücklich seid. Angenommen, ihr habt Geld und eure Gesundheit ist gut, dann wird der Verstand sagen, dass Geld und

Gesundheit zwar gut und schön sind, ihr aber zum wahren Glück berühmt oder mächtig werden müsst. Und so geht das Spiel immer weiter.

Habt ihr keine Augen, die Reichen zu sehen? Sie genießen alle Vorteile des Lebens: Geld, Ruhm, Status und Macht. Sie haben alles und trotzdem sind sie oft unglücklich. Es ist euer Verstand, der euch trügt. Er ist ein Spezialist im Erfinden von Ausreden.

Wenn ich sage, euer Verstand trügt euch, könnt ihr empört reagieren und fragen: „Wie soll das gehen?" Die Antwort darauf ist, dass euer Verstand nicht wirklich euch gehört, er ist im Besitz der Gesellschaft. Ihr müsst euren ursprünglichen Verstand erst noch entdecken: Den Verstand, der euch niemals betrügen wird.

Wenn ihr euren ursprünglichen Verstand entdeckt, wird euer Leben verwandelt. Ihr werdet nicht mehr von der Gesellschaft getäuscht und ihr gewinnt ein klares Verständnis vom Sinn und Ziel des Lebens. Aber mit dem sozietären Verstand könnt ihr nur ein begrenztes Leben führen und am Ende ohne Hoffnung sterben.

Der Tod wird euer ganzes Vermögen rauben: Weder Geld noch Macht oder Ruhm, weder Ehefrau noch Kinder können euch in der Todesstunde helfen. Ihr geht allein und habt wieder eine Gelegenheit verpasst, das Ziel eures Lebens zu erfüllen. Euer Leben war verschwendet.

Jeder kommt mit einem großen Potential auf die Welt, aber auf Grund unserer unpassenden Lebensweise wird es nie ausgeschöpft. Ohne Zweifel haben wir einen langen Weg in unserem Leben zurückgelegt. Aber leider haben wir die falsche Richtung eingeschlagen. Wir verschwenden Zeit und Energie mit fragwürdigen Dingen. Deshalb scheitern wir im Leben. Deshalb sind wir unzufrieden. Wie können wir andere dafür verantwortlich machen?

Seid verpflichtet!

Der Mensch ist das Edelste aller Geschöpfe, darüber gibt es keinen Zweifel. Aber wir haben diesen Adel aus den Augen verloren. Er wird dem menschlichen Leben zugeschrieben, weil wir die Fähigkeit haben, das höchste Geschenk von Gott zu empfangen: die göttliche Erfüllung des Lebens.

Aber die Erfüllung ist nicht leicht zu erlangen. Unsere Verpflichtung ist absolut notwendig und wir müssen ihrer würdig sein. Anstrengung ist nötig und wir müssen aufrichtig sein. Vielleicht können wir andere täuschen, aber Gott können wir nicht täuschen.

Die Evolution des Lebens ist kein simples Phänomen. Es ist ein langer und komplexer Prozess. Jeder Teil der Schöpfung durchläuft die ihm entsprechenden Stadien der Evolution. Tatsächlich arbeitet die Energie der Natur in jedem Element der Schöpfung, damit es sich vorwärtsbewegt und weiterentwickelt. Dieser Vorgang setzt sich so lange fort, bis ein Wesen die Ebene des menschlichen Seins erreicht hat. Wenn diese Stufe einmal erreicht ist, braucht die Evolution zusätzlich unsere Anstrengung. Wir müssen bewusst dafür arbeiten, sonst wird unsere weitere Entwicklung blockiert.

Wachstum ist eine charakteristische Eigenschaft des Lebens. Wenn das Wachstum aufhört, wird unser Leben dumpf und zwecklos. Bis ein Geschöpf sich zu einem menschlichen Wesen entwickelt, wird es ohne sein Wissen und Gewahrsein von Gott erhalten.

Im Fall des Menschen ist es etwas anders: Gott gab ihm die Kraft der Unterscheidung und deshalb wird von ihm eine bewusste Entscheidung verlangt, wie er sein Leben führt.

Mit anderen Worten, die anderen Geschöpfe nimmt Gott bei der Hand, um sie zu höheren Stufen der Evolution zu führen. Beim Menschen ist es anders. Das Göttliche reicht nur die Hand. Eine Anstrengung unsererseits ist nötig, um sie zu ergreifen. Gottes ausgestreckte Hand ist immer für uns da, sei es in Form von Meistern, durch Ereignisse oder Ahnungen und Zeichen. Kinder, die wichtigste Frage ist doch: Wie können wir unser Leben zur Erfüllung bringen? Die Tradition der Meister betont, dass Dharma[1] der Weg ist. Den Dharma zu verstehen, ist das Wichtigste im Leben. Doch er ist kein Gegenstand von Debatten oder Diskussionen; Dharma ist der Weg des Lebens. Er ist das Testament Gottes. Dharma ist der Weg zu Gott.

Jetzt stellt sich uns eine andere wichtige Frage: Wenn Dharma der Weg ist, dem wir im Leben folgen sollten, woher und von wem sollen wir ihn bekommen? Dharma ist kein menschengemachtes Regelwerk. Gott ist die Quelle des Dharma, und Er gibt ihn uns durch seine Botschafter und Stellvertreter. Dieser Prozess fing zu Beginn der Schöpfung an und dauert bis heute. Viele Meister kamen zu verschiedenen Zeiten, um uns den Weg des Dharma zu zeigen, doch wir waren nicht im Stande, sie zu erkennen. Wir folgten ihrem Rat nicht und übernahmen ihn auch nicht in unser Leben. Später gründeten wir in ihrem Namen Organisationen und Religionen und interpretierten ihre Unterweisungen so, wie es uns passte. Wir investierten viel hinein, doch traurigerweise gelang es uns nicht, die

---

[1] Dharma (m): aus d. Sanskrit: Ordnung, Gesetz, Gebot Gottes; die Pflicht des Menschen

Essenz ihrer Lehren zu erfassen und ihnen im Leben zu folgen.

Zeit der Dunkelheit

Momentan leben wir im Zeitalter der Dunkelheit. Es wird *Kāliyuga*[1] genannt. Die alten indischen Meister unterschieden vier große Zeitabschnitte. Das *Kāliyuga* ist durch den Niedergang des Bewusstseins und der Tugend gekennzeichnet. Es wird gesagt, dass die Menschen in dieser Epoche der Dunkelheit nicht zwischen Gut und Böse unterscheiden können, ihre Sicht ist durch einen Schleier der Unwissenheit getrübt. Dunkle Mächte beherrschen die Welt. Wahrheit und Tugend sind schwierigen Prüfungen ausgesetzt. In dieser Situation befinden wir uns heute und wir sollten sehr vorsichtig in unserem Leben sein.

Stellt euch vor, ihr seid tief im Wald bei dunkler Nacht vom Weg abgekommen und ihr findet niemanden, der euch helfen könnte. Um euch herum hört ihr die markerschütternden Schreie wilder Tiere. Das ist unsere Erfahrung heute: Wir sind in großer Gefahr. Was können wir in solch einer Situation tun? Wo finden wir Sicherheit und Schutz? Niemand weiß es. Angesichts der Hilflosigkeit der Menschheit hat die Große Zeit, die Quelle des Dharma, ihren Strahl auf die Erde geschickt. Dieser Strahl ist Tathāta.

Genau dann, wenn ihr im Wald die Nähe des Todes spürt, nehmt ihr plötzlich ein Licht wahr, das aus einem nahegelegenen Haus leuchtet. Ihr fühlt euch ermutigt und geht darauf zu. Ebenso hat Tathāta in diesem dunklen Zeitalter das göttliche Licht herab gebracht und lädt euch ein, dem Licht zu folgen. Dieses Licht ist der Dharma, und wer sich in Sicherheit

---

[1] Aus d. Sanskrit: kali: dunkel; yuga: Zeitalter

bringen will, dem biete ich meine Botschaft an. Ich bringe euch nicht nur tröstende Worte, sondern was ich sage, ist die reine Wahrheit. Wenn ihr meinen Worten vollständig vertraut, so werdet ihr gerettet werden.

Für diejenigen, die während des *Kāliyuga* im Dharma leben wollen, ist es von entscheidender Bedeutung, die brisante Lage dieser Epoche klar zu erkennen.

Fehlgerichtete Verstandeskräfte haben die Kontrolle über das menschliche Leben auf allen Ebenen über-nommen. Jeder wünscht sich die Anerkennung und Bewunderung der anderen. Sogar große Yogis, die ihre Sinne von der äußeren Welt zurückgezogen haben, schauen über ihre Schulter, um zu sehen, ob sie von den Leuten respektiert werden. In der Tat verlangen nicht nur Yogis und ältere Menschen, sondern schon kleine Kinder nach Anerkennung. Die meisten unserer Handlungen begehen wir mit dem versteckten Motiv, die Aufmerksamkeit der Anderen zu gewinnen, sei es uns bewusst oder nicht. Das Tragen von modischer Kleidung, der Kauf von unnötigen Luxusartikeln, der Bau von großen Häusern und so fort. All das sind übliche Mittel, die wir benutzen, um Aufmerksamkeit zu bekommen. Oft denken wir gar nicht über den Grund oder die Notwendigkeit unserer Handlungen nach. Unsere Entscheidungen beruhen auf der Meinung anderer Leute und darauf, wie sie uns sehen.

Die Welt erleidet Schaden durch sogenannte gelehrte Menschen und die selbst ernannten Führer der Gesell-schaft. Im Endeffekt ist sie ein Tollhaus geworden, in dem man kaum eine vernünftige Person findet. Geld, Gewalt und Sex laufen überall Amok.

Sogar in Indien werden auch Frauen immer mehr von Drogen und Alkohol angezogen. Moralische Werte und Prinzipien finden keinen Platz mehr im Herzen der Menschen.

Jetzt möchte ich euch eine Geschichte von großer Bedeutung erzählen. Sie begab sich zu Beginn des derzeitigen *Kāliyuga*. Den dunklen Kräften war es erlaubt, über bestimmte Orte, die ihnen zugewiesen wurden, frei zu herrschen: Alkoholgeschäfte, Spielhöllen und Orte der Prostitution. Doch die dunklen Mächte waren damit nicht zufrieden und so beschwerten sie sich bei Gott. Ihrer Forderung nach einer weiteren Domäne, die sie beherrschen konnten, wurde schließlich nachgegeben und es wurde ihnen ein vierter Bereich zugestanden: der Reichtum. Wisst ihr, was nun geschah? Mit Hilfe der vier oben erwähnten Herrschaftsdomänen erlangten die dunklen Kräfte die Kontrolle über die ganze Welt.

Wer Harmonie und Frieden in seinem Leben sucht, sollte diese Botschaft beherzigen. Tathāta besteht darauf, dass ihr die Art wie ihr lebt, ändert. Ich rufe nach eurer Ehrlichkeit und eurem Engagement, denn ohne sie ist die Transformation nicht möglich. Heutzutage belastet ihr euer Leben mit vielen unnötigen Dingen. Eure schädlichen Gewohnheiten und euer Lebensstil behindern eure Entwicklung und euer weiteres Wachstum. Wer ein erhabeneres Leben führen möchte, sollte bereit sein, dafür das eine oder andere Opfer zu bringen. Dieser Verzicht ist auf Grund eurer Anhaftung an negative Lebensmuster notwendig.

Kāla, die Große Zeit

Die Natur ist ein immerwährender Fluss. Viele Ereignisse geschahen in der Vergangenheit und viele werden in der Zukunft geschehen. Die Natur bewegt sich auf ein unbekanntes Schicksal zu. *Kāla,* die große Zeit, ist verantwortlich für alles. Sie ist der dynamische Aspekt Gottes. Schöpfung, Erhaltung, Zerstörung und Absorption geschehen durch sie. Die Große Zeit ist allmächtig, allgegenwärtig und allwissend. Sie ist die Quelle des Dharma und sie schickt ihre Abgesandten, um uns den richtigen Lebensweg zu weisen.

Durch den Willen der Zeit erscheinen Rishis, Meister und göttliche Wesen auf der Erde. Ohne Unterstützung der Zeit ist kein Erfolg auf Erden möglich. Wenn Gutes geschieht, so ist es der Wille der Zeit. Das Gleiche gilt auch für schlechte Dinge, denn das lichte Antlitz der Zeit ist das Gute und ihr dunkles Antlitz ist das Böse. Ihr mögt überrascht sein zu hören, dass die Zeit die Welt durch Gutes und Böses hindurch auf einen Punkt zu bewegt, der jenseits von beiden ist. Das ist der einzige Weg zum Wachstum, der einzige Weg, auf dem die Evolution vorangebracht werden kann.

Wir wissen es aus unserer eigenen Erfahrung: Menschen, die eine Lebenskrise durchmachen, schreiten schneller voran als andere. Das war bei vielen hochtalentierten Persönlichkeiten der Fall und der Grund dafür ist klar: In Krisenzeiten kann man es sich nicht leisten zu schlafen, denn man braucht all seine Energie und Kraft, um die Notlage zu bewältigen. Im Verlauf der Krise wird man mutiger, vertrauensvoller und kreativer. Andere können weiter schlafen, ihre Energien werden nie mobilisiert und sie führen lediglich ein durchschnittliches Leben.

Das Gleiche gilt im Fall der geistigen Evolution: Wer seine ganze Energie benutzt, wächst schneller. Er reist in einem Jumbojet. Andere vermeiden Herausforderungen und suchen nach Schlupflöchern, um vor schwierigen Situationen zu fliehen. Sie sind mit einem Ochsenkarren unterwegs.

Entwicklung ist notwendig.

Das Dasein ist ein Ort für Wachstum und Entwicklung. Beobachtet, wie ein Kind im Leben heranwächst: Ein paar Monate nach der Geburt versucht es aufzustehen. Es fällt immer wieder hin, aber es lässt sich nicht entmutigen, sondern versucht es solange bis es ihm schließlich gelingt. Das Gleiche ist bei unserem Wachstum und unserer Entwicklung der Fall. Wie ein Kind im Schoß von Mutter Natur versuchen wir auf unseren eigenen Beinen zu stehen. Wir machen in unserem Leben viele Fehler, aber nur durch Irrtümer können wir lernen. Deshalb sind Schmerzen, Leiden und Probleme eine Gelegenheit für Wachstum und Reinigung. Gleichzeitig sollten wir uns nicht in unseren Problemen wälzen. Unser Motto sollte lauten „durchgehen und weiter machen".

In letzter Zeit hat der Mensch viele Stadien der Evolution durchlaufen. Er spielte viele Leben im Kindergarten, aber jetzt ist die Zeit für kindliche Spiele vorbei.

Kinder, die Zeit fordert euer Wachstum und eure Reife! Es gibt heute keine Ausreden mehr. Ihr müsst euch weiterentwickeln oder euer Recht, in der gegenwärtigen Phase der Evolution dabei zu sein, wird zurückgezogen und ihr werdet ohne Gnade hinausgeworfen.

Es ist nicht nur das Fehlen von Wachstum, sondern ein furchtbarer Missbrauch des Lebens. Wir wurden nicht hier geboren, um zerstörerische Handlungen zu begehen.

Niemand hat euch das Recht gegeben, die Schöpfung zu zerstören oder anderen Lebewesen auf der Erde die Freiheit zu nehmen. Wie könnt ihr im Namen einer Religion, einer Kaste, eines Glaubens oder einer Nationalität eure Mitgeschöpfe töten und beherrschen? Wer gab euch das Recht, andere auszubeuten und auszurauben? Meint ihr wirklich, Gott hat euch die Vollmacht gegeben, solche egoistischen und verwerflichen Taten zu begehen? Das ist der Grund, warum die Naturkräfte so erregt und aufgewühlt sind. Das Gleichgewicht von Mutter Erde ist gestört. Ihr habt eure Unterscheidungskraft und eure Selbstkontrolle verloren. In der Folge ist die vollständige Vernichtung der menschlichen Zivilisation auf der Erde höchst wahrscheinlich geworden.

Tathāta sagt dies nicht auf Grund irgendwelcher mentalen Spekulationen oder aus einer Gefühlslage heraus. Ich kenne die Realität von innen; ich kenne die Stürme, die tief im Herzen der Existenz toben. Ich kenne die plötzlichen Veränderungen und Fluktuationen, die sehr schnell im Rad der Zeit erscheinen.

Kinder, in Anbetracht dieser Realität spricht Tathāta zu euch. Es ist meine Pflicht dies zu tun, meine Aufgabe. Wer Ohren hat, zu hören, der höre!

Erkennt die Wirklichkeit und stellt euch ihr! Bitte folgt nicht blind dem Weg der Welt. Denkt daran, dass die Welt in einem Ozean von Dunkelheit und Ignoranz versinkt. Unsere Werte sind falsch und selbstzerstörerisch geworden. Unsere Familien, die Gesellschaft und die Nationen sind einem verdorbenen Weg nach unten gefolgt.

Seid mutig und folgt nicht diesem verrotteten System! Kommt zurück und erobert euch die Schönheit des Lebens zurück. Weist die Gesellschaft der dunklen Kräfte zurück! Seid Kinder Gottes und folgt dem göttlichen Weg! Erfüllt die Herrlichkeit des Lebens!

Zwei Lebensweisen

Kinder, Gott sieht euch nicht gerne in der Wüste leiden. Das Göttliche hat euch bereits den Weg gezeigt. Deshalb betonen die Rishis, dass Gott von Anbeginn der Zeit das Wohlergehen der Schöpfung wollte und uns alles gegeben hat, was wir brauchen. Doch wir haben es vergessen. Statt den Wegen des Göttlichen zu folgen, schlagen wir den Weg ein, den dunkle Mächte uns zeigen. Das ist unser Fehler. Was ist der Unterschied zwischen beiden? Das Göttliche zeigt uns den Weg zur Unsterblichkeit und zur ewigen Glückseligkeit, während uns die dunklen Mächte in den Tod und zu endlosem Unglück führen.

Auf den ersten Blick scheinen die Wege Gottes nicht sehr attraktiv zu sein, da sie Opfer und Verpflichtungen von uns fordern. Dagegen sind die dämonischen Wege am Anfang sehr anziehend. Sie versprechen so verführerische Ziele wie unermesslichen Reichtum, Macht und Privilegien. Ein Verstand ohne Unterscheidungskraft kann auf solche falschen Versprechungen schnell hereinfallen. Außerdem ermutigen unsere Familien, die Gesellschaft und die Nation uns, diesen Wegen zu folgen. So scheint ihr keine andere Möglichkeit zu haben, als euren Kopf einzuziehen und diesen üblen Tendenzen zu folgen.

Der Ruf der Zeit

Kinder, die Zeit bittet euch inständig euren Lebensstil zu ändern und dem Weg des Dharma zu folgen!

Er ist die einzige Tugend im Leben und ohne ihn ist das Leben bedeutungslos. Deshalb kommen göttliche Meister hierher, um uns den Weg des Dharma zu zeigen. Diese heiligen Seelen haben keinen anderen Grund, auf die Erde zu kommen.

Sie kommen dem Willen der Zeit gehorchend. Ihr kennt die Arbeit von Buddha, Jesus Christus und den großen Meistern Indiens. In der Tat ist Indien mit einer reichen Tradition von Meistern gesegnet.

Dharma und Karma

Die *Bhagavad Gītā*[1] beschreibt die Erde als Stätte von Dharma und Karma. Das Wort Karma kommt ursprünglich aus dem Sanskrit und bedeutet Aktivität, Handlung. Die Erde ist ein Ort des Handelns, aber es muss vom Prinzip des Dharma geleitet sein, sonst können unsere Taten kontraproduktiv sein. Der Mensch ist unglücklich, weil der Dharma in seinem Leben fehlt. Die Rishis haben immer wieder darauf bestanden, dass die Menschen dem Pfad des Dharma folgen. Denn er ist der einzige Weg zu immerwährender Glückseligkeit und Harmonie. Die Lehre des Dharma hat ihren Ursprung in den Veden.

Wissen und Macht

Um Dharma zu praktizieren, müssen wir uns zweier grundlegender Aspekte bewusst sein: Wissen und Energie.

---

[1] Bhagavad Gita: aus d. Sanskrit, wörtl.: Gesang des Erhabenen, Ausschnitt aus dem Epos Mahabharata

Wissen beinhaltet Bewusstheit und Unterscheidungs-vermögen. Es ist eine innere Klarheit, ein inneres Verständnis dafür, was im Leben zu tun und zu vermeiden ist.

Energie bedeutet innere Stärke. Es ist die Kraft Dinge zu regeln, sich Herausforderungen zu stellen und unsere Schwierigkeiten zu überwinden. Energie ohne Wissen ist gefährlich, da sie uns die Macht gibt, anderen zu schaden und sie sogar zu zerstören. Macht kann uns egoistisch werden lassen. Mächtige Menschen wollen andere beherrschen und kontrollieren. Macht ohne entsprechendes Bewusstsein führt am Ende zur Selbstzerstörung. So erging es allen dunklen Kräften im Universum, die zwar sehr mächtig, aber nicht besonders bewusst waren. Unter ihren willkürlichen Taten hat die Welt sehr gelitten. Und was geschah am Ende? Ihr Stolz wurde ihnen zum Verhängnis.

Reichtum ist Macht. Das ist von Natur aus ein zweischneidiges Schwert. Wenn Reichtum sich mit Stolz vermischt, wird das Ergebnis zerstörerisch sein. Mit Geld kann man Gutes und Schlechtes bewirken: Man kann anderen helfen, die Leiden unserer Brüder und Schwestern lindern, der Welt einen Dienst erweisen und helfen. Aber man kann auch zerstörerisch handeln, indem man zum Beispiel Sprengstoff kauft, um Unschuldige zu töten.

Es ist wahr, dass Reichtum Macht bedeutet, aber es ist von entscheidender Bedeutung, dass man das Wissen hat, um gut damit umzugehen.

Der Dharma ist eine Synthese

Bestimmt habt ihr schon mal gehört, dass Wissen Macht bedeutet. Doch das stimmt nicht immer.

Angenommen, ihr habt die gute Absicht, Menschen zu helfen, aber weder Geld noch Gesundheit. Was nützt dann der gute Wille? Ihr könnt nur davon träumen zu helfen, das ist alles. So geschah es auch in der Geschichte Indiens. Indien ist ein Land mit einer langen Tradition des Wissens. Die Menschen Indiens waren sehr bewandert in den Veden und spirituellen Wissenschaften. Dennoch haben fremde Invasoren Indien mehrmals ohne Schwierigkeiten überrannt. Sie plünderten die großen Reichtümer des Landes und zerstörten große alte Bibliotheken, wie die von Nalanda.

Diese Bibliotheken enthielten unermessliches, für die ganze Welt nützliches Wissen, das für immer verloren ging. Wie konnte das geschehen? Weil es Indien an Macht fehlte, die Invasoren abzuwehren. Wir wissen nun, dass Macht ohne Wissen zerstörerisch ist, und Wissen ohne Macht keinen Effekt hat. Dharma vereint beides, Wissen und Macht.

Gott ist jenseits von Wissen und Macht. Tatsächlich ist er die Quelle von beiden, sie sind Attribute des Göttlichen. Man könnte sagen, auf der linken Seite Gottes steht die Macht und auf der rechten das Wissen. Um den Dharma zu praktizieren, braucht ihr die Verbindung mit Gott. Dadurch werdet ihr fähig, Wissen und Macht in eurem Leben zu vereinen.

Diese Kombination lässt Wunder geschehen: Ihr werdet transformiert. Nehmen wir als Beispiel die sexuelle Energie, sie ist die elementare Energie in uns. Falsch benutzt, wirkt sie kontraproduktiv, sogar zerstörerisch. Bei einem zornigen Menschen entlädt sie sich in Wutanfällen, bei einem gierigen Menschen wird sie zu Habgier. Wird die sexuelle Energie aber richtig angewendet, so wird sie höchst kreativ. Alle kreativen Menschen wie Künstler, Sänger und

Meditierende nutzen diese Energie für ihre Kreativität. Vielleicht erstaunt es euch zu hören, dass sexuelle Energie, die nur nach innen gerichtet ist, in den Zustand von Samadhi [1]führt. Alle Möglichkeiten liegen offen vor uns und unsere Wahl hängt von unserer Unterscheidung ab. Wir können uns selbst zu Heiligen oder zu Teufeln machen. Ein Mensch mit der richtigen Unterscheidung kann Macht und Wissen verbinden, um darüber hinauszugehen und Gott zu finden.

Allein mit Gewalt wird es nie möglich sein, die Wohnstätte Gottes zu erreichen, genauso wenig wie nur mit Wissen. Merkt euch gut, dass um Gott zu finden, beide Aspekte vereint werden müssen. Dies ist auch das Geheimnis für den Erfolg im Alltag. Dann werden unsere Handlungen und unser Karma göttlich und unser Leben wird mit Freude und Glück gesegnet sein.

Dharma für Alle

Die Menschen sind oft feige und vermeiden es, im richtigen Moment Entscheidungen zu treffen. Vielleicht sagt ihr euch: „Was Śrī Tathāta sagt, das stimmt, aber wie kann ich dem folgen?" Wir haben kein Vertrauen, weil wir unsere Schwächen und Fehler kennen und deshalb fühlen wir uns verwirrt. Wisst aber, dass der Dharma für alle da ist!

Kinder, da ihr als Menschen geboren seid, könnt ihr den Dharma nicht umgehen! Eine bestimmte Zeit lang würde es vielleicht gehen, ihr könnt euch vor Tathātas Blick verstecken. Aber glaubt ihr, dass die Zeit euch verschonen wird? Ihr könnt aus eurem Dorf oder aus eurer Stadt fliehen, vielleicht sogar aus eurem Land.

---

[1] Samadhi: Non-dualistischer Zustand des Bewusstseins, All-Einssein mit Gott

Aber vor dem Angesicht der Zeit könnt ihr euch nicht verstecken.

Unterdessen leidet ihr sehr und nachdem ihr kreuz und quer herumgerannt seid, gesündigt und Höllenqualen durchlitten habt, müsst ihr schließlich doch zurückkommen. Wenn dem so ist, warum also warten, bis das Höllenfeuer euch verbrennt? Warum nicht den Mut aufbringen, aufzustehen und die klare Verpflichtung einzugehen für den Dharma zu leben? Wenn ihr diese Gelegenheit verpasst, wer weiß, wann sich die nächste ergibt? Aber wenn ihr jetzt die Entscheidung trefft, werdet ihr mit großer Geschwindigkeit wachsen, schneller als ein Düsenjet. Das ist möglich, weil es der Wille der Zeit ist.

Kinder, die Zeit will euch in spirituelle Höhen tragen. Die momentane Zeit ist entscheidend. Jetzt ist eine günstige Zeit für alle, die Sorgen und Leid hinter sich lassen wollen. Deshalb spricht Tathāta immer wieder über die unfehlbare Autorität des Dharma. Er ist für alle Menschen da.

Durch ein Leben im Dharma kann jeder sich über sein gegenwärtiges Niveau hinaus erheben. Dharma ist ein Weg des Wachstums. Deshalb betone ich: Er ist für die ganze Menschheit da.

Stufen der Evolution

Vielleicht seid ihr euch des Prozesses der Evolution des menschlichen Bewusstseins nicht vollständig gewahr. Jedes Menschenwesen hat eine tierische Vergangenheit, weil sich der Mensch aus der Tierebene heraus entwickelt hat. Aber die vollkommene Umwandlung vom tierischen zum menschlichen Bewusstsein im Menschen hat noch nicht stattgefunden.

Tierisches Bewusstsein bedeutet nicht, dass wir Tiere sind. Es bedeutet, dass unser Geist noch in einem Zustand der Unwissenheit befangen ist. Das ist die Stufe, auf der sich ein Großteil der Menschen befindet. Der einzige Weg, ein höheres Niveau der Existenz zu erklimmen, führt über eine weitere Ausdehnung des Bewusstseins.

Als Menschen befinden wir uns derzeit auf einem eher derben und unreflektierten Niveau. Wir können es „Tier-Mensch" Stadium der Existenz nennen. Aber jetzt, wie kann eine weitere Ausdehnung des Bewusstseins erreicht werden? Der Meister sagt: „Vertraue dem Dharma! Das ist der Weg".

Dharma ist ein Prozess, ein Weg zu leben, durch den unser Bewusstsein sich von den unteren zu den höheren Stufen der Existenz ausdehnt.

Die weitere Ausdehnung des Bewusstseins bringt uns zur nächsten Stufe der menschlichen Evolution, die wir „Mensch-Mensch" Ebene nennen können. Worin liegt der Unterschied? Auf der „Tier-Mensch" Ebene lebt man im Dunklen, es fehlt das Licht der Erkenntnis. Die Verhaltensmuster der unteren Evolutionsstufen beherrschen unser Leben. Leidenschaften, willkürliche Machtausübung, Wut, Egoismus usw. sind die dominierenden Eigenschaften.

Auf der „Mensch-Mensch" Ebene sind die Dinge anders. Ihr drückt menschlichere Qualitäten aus. Was ist die menschliche Haupteigenschaft? Liebe. Ihr werdet liebevoller. Das Herzzentrum beginnt zu funktionieren. Jetzt könnt ihr teilen und mit Anderen zusammenarbeiten. Ihr wollt sie nicht mehr dominieren.

Ihr lebt ein friedvolleres Leben mit mehr Freude und Glück und euer Verhältnis zum Leben wird immer positiver. Ihr fühlt euch vom Leben angenommen. Ihr könnt mit den Vögeln singen und wie Schmetterlinge fliegen. Sorgen und Spannungen lassen nach. Ihr spürt die Gegenwart Gottes in eurem Leben. Eure Handlungen strahlen göttliches Mitgefühl aus und eure Gegenwart ist Anderen sehr willkommen.

Das finale Ziel

Das „Mensch-Mensch" Niveau gewährt euch mehr Freude im Leben, doch es ist nicht das Ende. Während ihr auf dem Weg des Dharma wandelt, erweitert sich euer Bewusstsein immer mehr.

Ihr erreicht nun die glorreiche Stufe des „Gott-Mensch" Bewusstseins. Auf dieser Stufe erwachen göttliche Qualitäten und außersinnliche Wahrnehmungen in euch. Danach macht ihr den Schritt zum höchsten Gipfel der Evolution. Wir können ihn „absolute Göttlichkeit" nennen. Den Umfang und die Tiefe dieses letzten Zustandes kann man nicht beschreiben. Es ist jenseits von Allem. Ihr realisiert vollkommene Göttlichkeit. Ihr werdet zur Wahrheit. Ihr werdet unsterblich. Ein Teil der Schöpfung hat sein Schicksal erfüllt.

Religion und Evolution

Der aufgewühlte Zustand der heutigen Menschheit ist leicht zu erklären. Die Energie des Lebens treibt sie an, aber sie haben kein Bewusstsein und kein Verständnis für das höhere Leben. Niedere Instinkte beherrschen ihr Handeln und ihre Energie ist naturgemäß auf einfache und grobe Aktivitäten ausgerichtet.

Die Menschen sind damit beschäftigt, zu töten, zu plündern und zu unterdrücken. Sie jagen ihren ungezügelten Gelüsten nach. Da ihr Geist nicht sehr entwickelt ist, fehlt ihnen das rechte Bewusstsein, um ihre Lebensweise zu ordnen und ihre Lebensenergie kreativ fließen zu lassen.

Da diese fehlgeleitete Art und Weise zu leben so tief in unserem Charakter verwurzelt ist, sind wir nicht in der Lage, das aus eigener Kraft zu ändern. Um diese Herausforderung zu meistern, brauchen wir jemanden, der hinter uns steht. Das macht den Meister in unserem Leben so wichtig. Stellt euch die Schwierigkeit vor, in einem mächtigen Fluss gegen den Strom zu schwimmen. Die Aufgabe ist so gut wie unmöglich. Genauso verhält es sich mit dem Versuch, den Riesenberg der angesammelten Charaktereigenschaften zu überwinden. Allein können wir kaum etwas ausrichten. Wir brauchen die Führung und die Hilfe eines wahren Meisters, der die göttliche Autorität besitzt, mit den menschlichen Seelen zu arbeiten.

Bloßer Glaube sollte nicht der Anfang und das Ende einer wahren Religion sein. Es ist gut, mit dem Glauben zu beginnen, aber wir sollten es niemals dabei belassen. Früher oder später muss der Glaube zur direkten Erfahrung werden. Das ist das Problem mit Religionen. Sie haben feststehende Glaubenssätze. Wir brauchen einen tieferen und klareren Blick auf das Leben. Einen Zugang, der besser zu unserer gegenwärtigen Evolutionsstufe passt, als das, was uns von den traditionellen Religionen angeboten wird. Wie könnt ihr als Erwachsene noch mit euren alten Kindersachen spielen? Genauso ist es mit religiösen Glaubensvorstellungen.

Der Sinn der Religion ist weit verfehlt, wenn sie zu einem Instrument wird, um Menschen aus egoistischen Gründen in politische oder andere Machtstrukturen einzubinden. Die wahre Religion sollte uns stattdessen zahlreiche Möglichkeiten für Wachstum und Transformation bieten.

Das religiöse Dogma sollte die menschliche Evolution nicht behindern. Die unvermeidliche Konsequenz von Wachstum und Reife ist eine neue Lebensweise. Sie zeigt sich in unseren Ernährungsgewohnheiten, in unserem Lebensstil und in der Art und Weise zu denken und zu handeln. Deshalb heißt es, dass echte Religion nur in Gegenwart eines wahren Meisters möglich ist. Denn der Meister weiß, dass Menschen in verschiedenen Stadien der Evolution unterschiedliche Herangehensweisen brauchen.

Leider fehlt den organisierten Religionen jegliche Flexibilität. Letzten Endes verhindern sie sogar die Weiterentwicklung des menschlichen Geistes. Wenn unsere Lebensenergie blockiert wird, dann beginnt sie auf destruktive Art und Weise zu fließen.

Wir können dieses Phänomen in unserem täglichen Leben beobachten. Im Namen einer Religion und im Namen Gottes sind Menschen oft schneller bereit als andere, zu töten. Das ist leider ein allzu wahres Paradox! Terrorismus ist das Resultat von blockierter Energie.

Dualismus und Non-Dualismus

Dieses Universum ist eine herrliche Theaterbühne, entworfen von der höchsten Macht. Solange wir keine klare Vorstellung und kein Bewusstsein von unserer Rolle hier auf Erden haben, ist es nicht möglich, unser Leben in dieser Welt erfolgreich zu gestalten. In Indien haben drei verschiedene philosophische Strömungen das Leben der Menschen beeinflusst. Sie befassen sich mit unserer Beziehung zur Höchsten Wirklichkeit.

Dualismus ist die Erste. In der dualistischen Philosophie wird Gott als Schöpfer angesehen und wir alle sind seine, von ihm getrennten Geschöpfe. Gott ist die höchste Autorität und wir sind seine Diener. Diese Philosophie ist vollkommen angemessen für jene, die auf der Wachstumsstufe des „Tier-Menschen" existieren. Zu gehorchen und sein Leben dem Dienst an Gott zu weihen ist ihr Lebensansatz.

Die zweite Richtung, basiert auch auf dem Dualismus, steht aber auf einer höheren Stufe. Die menschliche Seele wird als ein Teil von Gott angesehen und unsere Beziehung zu Gott wird zu einer Liebesbeziehung. Wenn man von der „Mensch-Mensch" Stufe zur glorreichen „Gott-Mensch" Stufe gelangen will, dann ist diese Einstellung sehr hilfreich.

Die dritte Richtung ist Advaita, die Lehre der Non-Dualität. Advaita besagt, dass es nichts gibt außer Gott. Advaita ist die höchste Blüte des menschlichen Bewusstseins.

Er ist mehr als eine Philosophie, in seinem Innersten ist er die existentielle Erfahrung der Wahrheit. Keine Philosophie und keine Argumente können diese Erfahrung je ersetzen. Um ihn herum kann man keinen Kult und keine Religion bauen, weil er ein nicht greifbares Phänomen jenseits des Intellekts ist.

In der Welt sehen wir viele gelehrte Menschen, die sich zur Non-Dualität bekennen, aber oft sind ihre Argumente leer und falsch. Indem wir uns Schritt für Schritt weiterentwickeln, gelangen wir vielleicht eines Tages vom Stadium des Dualismus über den höheren

Dualismus auf den höchsten Gipfel des wahren Non-Dualismus.

Sanātana Dharma ist die Philosophie der ewigen Wahrheit. Sie umfasst alle drei Sichtweisen auf die Realität und integriert sie auf ganz konkrete Art. Unglücklicherweise hat die Lehre des *sanātana Dharma* aus Mangel an Verständnis oft kontraproduktive Ergebnisse hervorgebracht und viel Verwirrung über die Religion gestiftet.

Alle traditionellen Religionen haben ihre Beziehung zu Gott auf die eine oder andere dieser Philosophien aufgebaut. Die Tragik mit den klassischen Religionen ist, dass sie es nicht dulden, dass das menschliche Bewusstseins sich ständig ausdehnt.

Aus diesem Grund brauchen wir einen neuen, klaren Lebensentwurf, der jede Gelegenheit zum Wachstum bietet. Der Dharma ist die Antwort auf diese Notwendigkeit.

Hört auf eure innere Stimme!

Tathāta erzählt euch keine Märchen. Das ist die Wahrheit und sie ist euer Geburtsrecht.

Ihr könnt sie eine Zeitlang verdrängen, aber nicht für immer. Wenn ihr diese Wahrheit einmal kennt, dann könnt ihr kein verantwortungsloses Leben mehr führen. Ihr spürt das innere Bedürfnis, euer Geburtsrecht einzufordern, denn darauf hat eure Seele seit so vielen Leben gewartet.

Wie können wir die tiefe Sehnsucht unseres Herzens ignorieren? Wer verursacht eure Probleme? Es ist euer Verstand, der ein Spiegel der Gedanken und Glaubenssätze der Gesellschaft ist.

Der Verstand liefert euch wunderschöne Ausreden, um die Transformation zu vermeiden. Er kann euch in die

Irre führen und eure Entwicklung verhindern. Hütet euch vor dem Verstand! Hört auf eure wahre innere Stimme, seid stark und folgt den Weisungen eures Herzens, dann werdet ihr nicht auf Abwege geraten.

Das Geheimnis der Zeit

Die Rishis erklärten, dass Gott der Urheber des Dharma ist. Der Dharma ist nicht das Produkt eines einzelnen Geistes. Gott ist die einzige Autorität des Dharma. Von Zeit zu Zeit wählt er Repräsentanten aus und schickt sie auf die Erde, um den ewigen Dharma erneut zu verbreiten.

Die Erde ist ein Ort der Evolution und des Wachstums. Deshalb sind Dunkelheit und Ignoranz ganz natürliche Eigenschaften des Lebens auf der Erde. Dharma ist Bewusstheit; er ist eine brennende Fackel. Um sicher durch die Dunkelheit zu wandeln, brauchen wir eine Lichtquelle.

Das gilt auch für unser Leben. Um auf dieser Erde zu leben, wo Ignoranz und Dunkelheit herrschen, brauchen wir das Licht des Dharma. Oft verlieren wir das Licht und leben deshalb im Dunkeln und begehen viele Fehler. Wir schlagen die falsche Richtung ein und stoßen mit anderen zusammen. Am Ende herrscht völlige Verwirrung in unserem Leben.

In turbulenten Zeiten verschwindet das Licht des Dharma vollständig von der Erde. Ihr könnt euch den Ernst einer solchen Situation vorstellen! Jetzt herrscht überall Dunkelheit, aber wir bemerken nicht einmal, dass wir im Dunkeln sitzen, denn um die Dunkelheit zu erkennen, müssten wir erst einmal Licht gekannt haben. Nun sind wir hilflos. Gott ist unsere einzige Zuflucht.

Die reine Wahrheit

Jetzt könnt ihr vielleicht verstehen, warum die heutige Zeit die Ära der Dunkelheit genannt wird. Wir stehen ausgeplündert und mit leeren Händen da. Das Licht des Dharma ist fast völlig von der Erde verschwunden. Dunkelheit hat sich überall ausgebreitet und bedeckt unsere Herzen und unser Heim, unsere Gesellschaft und die ganze Welt. Das ist der Hauptgrund für all die Probleme, mit denen wir heute konfrontiert sind. In Anbetracht dieser äußersten Verwirrung ist ein Widerschein der Zeit auf Erden erschienen.

Kinder, dieser Widerschein ist Tathāta. Meine Ankunft ist die Erfüllung des Versprechens, das Gott den Menschen gab. Tathāta kommt hierher, um das Licht des Dharma von Gottes Wohnstatt auf die Erde zu bringen. Tathāta entzündet das Licht des Dharma überall. Glaubt diese Worten, ich sage euch die volle Wahrheit.

Gott sieht und weiß alles. In der *Bhagavad Gītā* steht, dass immer wenn das Licht des Dharma von der Erde verschwindet und Dunkelheit die ganze Welt bedeckt, sich das Göttliche inkarniert, um den Dharma wieder aufzubauen.[1] Gott, der Schöpfer des Dharma, übernimmt die Verantwortung zur Lösung der Krise und er erfüllt gewissenhaft sein Werk zu allen Zeiten. So wird das Leben auf der Erde erhalten.

Die Botschaft der Zeit

Ihr seht meinen physischen Körper, doch er ist nur ein Widerschein, ein bloßes Instrument, um mich mit der Welt zu verbinden. Meine Kinder, jenseits dieses Körpers befindet sich die höchste Urquelle der

---

[1] Bhagavad Gita: Kapitel 4.7

Schöpfung. Die große Zeit wendet sich an euch. Durch dieses Instrument hört ihr die Botschaft der Zeit und ihr empfangt das Licht des Dharma.

Kinder, kommt und empfangt diesen Nektar! Euer Leben und das eurer Familien und der Gesellschaft wird sich ändern. Nehmt einen Funken Licht in euer Herz! Ihr seid mit der ewigen Quelle verbunden. Verbreitet das Licht überall dort, wo ihr hingeht! Ihr könnt die ganze Welt verändern.

Ich sage euch die Wahrheit. Die Zeit für die wahre Revolution ist gekommen. Seid vorbereitet!

Das Königreich Gottes lädt euch ein. Hört auf euer Herz und ihr werdet die Stimme darin vernehmen.

Die Menschen sind blind

Gott klopft an eure Tür, aber ihr dreht ihm den Rücken zu. Ihr seid so sehr an die Dunkelheit gewöhnt, dass eure Augen es nicht ertragen Licht zu sehen. Im Anschluss könnt ihr im Dunkeln leben, wenn ihr das wollt, aber trefft eure Wahl im vollen Bewusstsein der Konsequenzen. Ihr tut so viele Dinge in eurem Leben, ohne über die Auswirkungen nachzudenken, aber früher oder später werdet ihr die Früchte eurer Handlungen ernten. Daraus können manchmal sehr unerfreuliche Situationen entstehen und dann werdet ihr nach Gott rufen, aber es wird zu spät sein.

Unser Problem ist, dass wir im Dunkeln nicht unterscheiden können. Es ist uns unmöglich, zu entscheiden, was wir tun und was wir lassen sollten. Das ist keine Art und Weise zu leben.

Die Macht der Zeit

Achtet auf die machtvollen Donnerschläge der Zeit. Zurzeit könnt ihr die sich verstärkenden Einschläge der Zeit am eigenen Leib erfahren. Gebt eure skeptische Haltung auf und lasst euren launischen Geist beiseite. Beugt euer Haupt vor Ihrem Glanz. Beendet eure Verbindung mit den teuflischen Mächten und üblen Taten. Kommt heraus aus den Höhlen der Dunkelheit. Lebt in Gottes Licht und folgt dem Weg des Dharma. Die ungezügelten Einschläge der Zeit kommen immer näher.

Erinnert euch ständig an diese Worte. Die Zeit legt einen Gang zu und schnelle Veränderungen sind unausweichlich. Bald wird nur mehr das Leben im Dharma zählen und alle falschen Wege werden zurückgewiesen. Niemand kann seine Bosheit vor der Zeit verstecken. Weitreichende Zerstörung droht den Personen, Gruppen, Gesellschaften und Nationen, die mit teuflischen Kräften zusammen arbeiten.

Lüftet den Schleier der Dunkelheit vor euren Augen. Seht wie die Sonne mit all ihrer Kraft leuchtet! Lauft nicht davon wie Ratten, die sich in dunkle Löcher verkriechen! Dies ist die Botschaft der Zeit und sie verdient eure volle Aufmerksamkeit.

Die Zeit ist gekommen, um eure Türen zu öffnen. Nun könnt ihr das Licht des Dharma empfangen. Aber lasst danach die Dunkelheit nicht wieder in eure Herzen und in euer Heim hinein. Durch eure Verbindung mit der Dunkelheit leidet ihr unter vielen Problemen. Wissentlich oder unwissentlich ladet ihr sie in euer Leben ein. Ihr könnt niemand anderem die Schuld daran geben. Ihr seid selbst verantwortlich und so liegt auch die Lösung des Problems in euren Händen.

Es ist nicht Gottes Wille, dass die Menschen sich mit teuflischen Kräften verbinden.

Nektar und Gift

Ihr seid genug herumgewandert. Jetzt haltet für eine Weile inne und überdenkt euer Leben. Wollt ihr es wirklich verschwenden? Es ist eure Wahl. Wenn ihr das wirklich wollt, kein Problem! Ihr könnt wählen, aber trefft eure Entscheidung bewusst. Tathāta kann nur eines sagen: Das Göttliche will nicht, dass ihr euch so entscheidet.

Gott wartet auf eure Rückkehr und er will euch sehen, wie ihr am wahren Leben teilhabt. Das Leben, das Gott euch versprochen hat, wartet auf euch. Es gibt zwei Lebensströme: In dem einen fließt Gift, der andere ist mit Nektar gefüllt. Bis jetzt sind wir im giftigen Strom gewatet, sein Gift hat unser ganzes Sein durchdrungen. Aber wir spüren nicht, dass wir voller Gift sind. Wir haben nie von dem anderen Strom voller Nektar gehört. Vielleicht war die Zeit noch nicht reif dafür, bis jetzt.

Wenn euch einmal bewusst wird, dass ihr in einem Giftstrom watet, geschieht ein sofortiger Wandel in euch. Ihr könnt euren Fuß nicht mehr in den Fluss zurücksetzen, so wie ihr es bisher getan habt. In dem Moment, wo ihr wirklich versteht, was Tathāta sagt, werdet ihr aus diesem Strom heraussteigen, und das ist ein Segen für euch. Sorgt euch nicht wegen des eingedrungenen Giftes, denn jetzt könnt ihr im Nektar baden.

Dieser Nektar kann alles reinigen und darüber hinaus werdet ihr unsterblich, wenn ihr vom Nektar getrunken habt. Euer Leben wird zum Segen. Dieser Strom aus Nektar ist der Dharma.

Tathāta lädt euch ein, den Strom des Dharma zu betreten. Ich komme damit zu euch. Öffnet eure Herzen, damit ich sie mit Nektar füllen kann.

Seid bewusst!

Die Welt bewegt sich auf immer mehr Schwierigkeiten zu. Wir leben in einem Teufelskreis. Kinder, niemand kann voraussagen, was morgen geschehen wird. Im Ozean des täglichen Lebens schlagen die zerstörerischen Wellen immer höher.

Bald werdet ihr den Sinn von Tathātas Worten erkennen, aber dann wird es zu spät sein. Wer mit seinem Leben etwas anfangen möchte, muss es jetzt tun. Bitte wartet damit nicht bis morgen! Es ist noch nicht zu spät, sich der jetzigen Situation zu stellen. Dies könnte die letzte Chance sein, doch es bleibt uns noch ein Hoffnungsstrahl, den bringt euch Tathāta. Kommt zu mir und empfangt ihn! Kinder, ich bringe euch das Licht, denn ihr verdient es. Es ist euer Geburtsrecht!

Verliert keine Zeit

Denkt nie, dass Gott zu irgendjemandem ungerecht ist. Gott ist immer mitfühlend und wurde von den Rishis als Verkörperung der Liebe gerühmt. Erinnert euch, dass ihr hierher gesendet worden seid, um euer Bewusstsein zu bereichern und nicht, um ein zerstörerisches Leben zu führen. Unglücklicherweise haben die Menschen das Ziel ihres Daseins vergessen. Weil sie die wahren Werte nicht verstehen, haben sie alle Grenzen überschritten und ihr Leben entwürdigt.

Ich gebe euch ein Beispiel: Ein Töpfer hatte mehrere irdene Gefäße hergestellt. Am nächsten Tag untersuchte er sie und fand sie voller Fehler, im

Wesentlichen nutzlos. Was sollte er tun? Der Töpfer war natürlich traurig, aber er hatte keine andere Wahl, als sie zu zerschmettern und neu anzufangen. Dem Schöpfer geht es wie dem Töpfer in unserer Geschichte. Als er sich die Erde und das menschliche Leben darauf anschaute, schwanden seine Hoffnungen. In der Tat hat er genug davon und deshalb ist die Natur so aufgewühlt und beginnt Ihren Ärger zu zeigen.

Jeder Staat nutzt Gefängnisse, um Menschen einzusperren. Unsere Gesetze erlauben es, Gesetzesbrechern die Freiheit zu entziehen. So ist auch das Leben dabei, ein exzellentes Gefängnis vorzubereiten. Kein Unschuldiger wird in dieses von der Natur angelegte Gefängnis gesteckt, aber kein Schuldiger kann vorgeben, schuldlos zu sein. Die Natur wird vollständige Gerechtigkeit üben. Zunächst lässt sie euch noch eine Weile Zeit, die Waffen niederzulegen und das Gesetz der Natur anzuerkennen. Ihr könnt entscheiden, was ihr tut, aber verschiebt es nicht auf morgen! Bis ihr einen Beschluss gefasst habt, ist die von der Natur gewährte Gnadenfrist vielleicht schon vorbei.

Kommt, Kinder kommt!

Derzeit reist Tathāta durch die ganze Welt, um die Menschen mit dieser Wahrheit aufzurütteln. Mein Schiff durchquert den Ozean von samsāra, des täglichen Lebens in der Welt.
Ich sehe, dass sich hinter euch hohe Wellen auftürmen und reiche euch meine Hände zu Hilfe, aber ihr bemerkt es nicht. Denn ihr schlaft, und habt verführerische Träume. Ihr seid sogar verärgert, weil ich diese Träume störe.

Unglücklicherweise überhört ihr das Getöse der Schwierigkeiten, die euch überwältigen könnten. Ich mache noch einen Versuch, euch aufzuwecken. Meine Kinder, wollt ihr denn nicht entkommen? Könnt ihr diese Stimme denn nicht hören?

Es ist die Stimme eures Retters, die vor eurer Türe ertönt. Kommt zu mir! Mein Schiff ist so groß, dass ich euch alle darin aufnehmen kann. Doch ohne eure Mithilfe kann nichts getan werden. Tathāta kam nicht, um euch zu trösten. Ich sage die Wahrheit. Mein Mantra ist Dharma, meine Botschaft ist Dharma und mein Leben ist Dharma. Feuer bedroht euer Haus und Dharma ist der Notausgang. Tathāta öffnet diese Tür vor euch. Kommt, Kinder, kommt!

Ausdehnung des Bewusstseins

Ihr seid reif dafür weiter voranzugehen. Schon vor Äonen gab es euch in mineralischer Form. Nach vielen tausend Jahre währenden Schlafes begann das Leben sich in euch zu regen. Daraufhin folgten unzählige Evolutionsphasen.

In vielfältiger Form wurdet ihr geboren und seid gestorben, als Baum, Wurm, Insekt, Vogel und Tier. Mit unendlicher Liebe und Geduld führte euch Mutter Natur bis zur menschlichen Ebene. Bis zu diesem Punkt wart ihr damit zufrieden, einfach am Leben zu sein. Aber sowie ihr als Mensch geboren wurdet, entstand tief in euch eine neue Suche, der Wunsch nach Verwandlung in ein bewusstes Wesen. So begann die Reise vom lebenden zum bewussten Wesen.

Doch ihr seid diesem inneren Ruf nur halbherzig gefolgt. Das ist der Grundkonflikt in euch. Als bewusste Wesen befindet ihr euch auf einem höheren Niveau der Existenz, wo ihr Körper und Geist transzendieren und den transzendentalen Zustand der Erleuchtung erlangen könnt. Diese Erfahrung ist eine Frage des Bewusstseins. Richtet euer Leben so ein, dass sich die innere Bewusstheit ausdehnen kann. Ihr seid reif und bereit dazu, sonst wärt ihr nicht zu mir gekommen, ihr hättet nicht das Bedürfnis dazu verspürt. Somit seid ihr fähig zu weiterem Wachstum. Lasst alle alten Glaubensmuster los, denn vor euch öffnet sich ein neuer Weg. Ich bitte euch, verpasst diese Gelegenheit nicht!

Hindernisse auf dem Weg

Das Erreichen eines höheren Bewusstseins ist eine große Errungenschaft, die das Tor zu unbegrenzten Möglichkeiten öffnet. Zum ersten Mal könnt ihr die Schönheit und Freude des Lebens erfahren. Aber das geschieht nicht von selbst, ihr müsst dessen würdig sein und nur wer es wirklich verdient, wird es erreichen. Wer auf dem Weg der Bewusstheit wandelt, sollte einiges über die Hindernisse wissen, die sich euch in den Weg stellen können, ganz besonders in dieser Zeit der Dunkelheit.

Bis jetzt habt ihr im Zustand der Unbewusstheit gelebt. Naturgemäß standet ihr unter dem Einfluss der Ignoranz und wurdet sogar von ihr kontrolliert. Das sind die Kräfte der Dunkelheit. Sie verabscheuen Bewusstheit aus einem ganz einfachen Grund: Sie wissen, was mit der Dunkelheit geschieht, wenn das Licht eindringt. Deshalb legen sie uns immer wieder Hindernisse in den Weg.

Unsere Suche nach Bewusstheit stört die negativen Kräfte. Sie suchen immer wieder nach einer Gelegenheit, um in euch einzudringen und eure Energien in negative Bahnen zu lenken. Die Ausdehnung des

Bewusstseins kann aber nur geschehen, wenn die Energien in konstruktiven Bahnen fließen. In dem Moment, wo ihr beispielsweise eifersüchtig auf jemanden seid, öffnet ihr den dunklen Kräfte das Tor, um in euer Wesen einzudringen. Das gilt auch für andere negative Gefühle wie Ärger, Hass usw. Je weniger ihr bewusst seid, umso leichter fällt es den dunklen Kräften, in euch einzudringen und euer Leben zu bestimmen.

Ohne euer Wissen kontrollieren sie euch. Tatsächlich sind in der heutigen Zeit dunkle Mächte die wahren Herrscher. Sie regieren nicht nur euer eigenes Leben, sondern auch das eurer Familie. Es kann sein, dass ihr zu Gott betet, aber in eurem Gebetsraum sitzt der Teufel und Gott kann nicht herein. Warum? Weil ihr den Teufel bereits eingeladen habt. Ihr habt ihm einen Ehrenplatz gegeben, weshalb sollte also Gott kommen und den Teufel hinauswerfen? Er kann es nicht, weil auch der Teufel ein Sohn Gottes ist. Wie könnte Gott ihn abweisen? So ist es eure Aufgabe zu wählen. Wenn ihr dem Teufel folgt, so könnt ihr mit ihm zur Hölle fahren. Wer schlechte Taten begeht, erhält mehr Energie, um noch mehr Übel anzurichten. Aber seid euch der Konsequenzen bewusst, später wird es euch teuer zu stehen kommen.

Ein Leben in Schwäche

Ein schwacher Mensch ist immer gefährlich. Er ist das beste Instrument für die dunklen Kräfte. Die Menschen heute sind so schwach geworden. Schaut euch euer eigenes Leben und das der anderen an. Unsere Ernährungsgewohnheiten, unser Lebensstil, unsere Gedanken und unser Streben sind ziemlich kraftlos. Die Menschen sind völlig abhängig von absurden Gewohnheiten.

Ein großer Teil der Bevölkerung ist süchtig nach Rauchen. Hat Rauchen irgendeinen Sinn? Was gewinnt man dabei? Obwohl es die Gesundheit zerstört, könnt ihr es nicht lassen. Ob ihr euch eure Schwäche eingesteht oder nicht, sie bleibt Fakt. Rauchen ist nur ein Beispiel, man kann es auf fast all eure Gewohnheiten anwenden.

Die Rolle des Teufels

Dunkle Kräfte nutzen unsere Schwäche aus. Ihr könnt euch nicht vorstellen, wie gewaltig ihre Macht in der Welt ist. Doch Tathāta weiß es. Niemand weiß es besser, deshalb kann ich es euch erzählen.

Heute steht unsere Welt unter ihrer Herrschaft. Sie bestimmen über unsere Familien, über die Gesellschaft und die Regierung. Ich übertreibe nicht und will euch auch nicht schockieren: Es ist die reine Wahrheit. Die Dunkelheit will ihr Königreich auf Erden errichten. Doch das entspricht nicht Gottes Willen. Sollten sie mit ihrer verdeckten Absicht Erfolg haben, würde die Natur im selben Moment die vollständige Zerstörung wählen. Das ist eine sehr reale Möglichkeit in dieser Zeit. Aber dieses extreme Schicksal muss die Erde nicht zwingend treffen.

Tathātas Inkarnation auf der Erde wurde geplant, um dieser Krise zu begegnen. Bis jetzt bin ich noch nicht viel durch die Welt gereist, da ich viele andere dringende Aufgaben zu erfüllen hatte. Nun aber ist die Zeit gekommen, euch die Botschaft zu bringen, die Botschaft der Zeit.

Ihr mögt sie akzeptiert oder nicht. Das liegt an euch und es beunruhigt mich nicht übermäßig. Ich tue meine Arbeit und sie wird niemals vergebens sein, da es der Wille der Zeit ist.

Die ganze Welt wird zum Dharma kommen, den ich euch bringe. Das ist absolut gewiss.

Gott im Zentrum

Die Welt ist wie ein Marktplatz. Alle Dinge, die guten wie die schlechten werden auf den Straßen feilgeboten. Gott lässt dies zu. Auf der Erde existiert Dunkelheit ebenso wie Licht. Beide sind notwendig, denn die Erde ist ein Ort des Wachstums. In dieser komplexen Situation müssen wir wachsam sein. Wir müssen wissen, was unserem Wohlergehen nützt. Dies nennt man *vivek* oder Geist der Unterscheidung. Ohne ihn können wir unseren Lebenssinn nicht erfüllen. Die Impulse unseres Verstandes führen uns in die Irre und verleiten uns zu zerstörerischen Handlungen. Wir sind die Opfer unserer eigenen unbeherrschten Wünsche und nur unser Unterscheidungsvermögen kann uns helfen. Um die Qualität von *vivek* zu erlangen, ist der Kontakt zur höchsten Wahrheit unabdingbar.

Gott ist die absolute Wahrheit und das Zentrum der Schöpfung. Die Welt ist ein Widerschein Gottes. In gleicher Weise sollten wir Gott ins Zentrum unseres Lebens stellen. Das ist die einfache Wahrheit. Bis jetzt haben wir unkontrollierte Wünsche zum Mittelpunkt unseres Lebens gemacht. Deshalb war es verfälscht und oberflächlich. Wir haben den Geist der Unterscheidung verloren. Stellt von nun an Gott ins Zentrum eures Lebens! Wenn ihr euren Geist auf diesen Punkt fixiert, könnt ihr nach draußen schauen und zum ersten Mal wird die äußere Welt euch nicht mehr täuschen. Ihr habt die Fähigkeit der Unterscheidung erlangt.

Der Grund dieser Transformation ist klar. Eure Energien sind jetzt von Gottes Licht und Wahrheit durchdrungen und so bewegt ihr euch auf dem rechten Weg. Kinder, so lange schon war euer Herz mit Dunkelheit erfüllt! Jetzt wohnt Gott darin und die Dunkelheit ist verbannt. Durch den Kontakt mit der Dunkelheit hatten eure Sinne euch fehlgeleitet. Doch mit der göttlichen Präsenz hat sich eure Sicht geändert und ihr seid zu einem neuen Menschen geworden. Ihr könnt in Sicherheit auf eurem Weg in der Welt wandeln. Gottes Licht erblüht in euren Herzen.

Defizite der Gesellschaft

Die Weisheit, die Tathāta euch vermittelt, hat nichts mit den Werten der Gesellschaft zu tun, denn die Gesellschaft ist blind und kann euch keine Erkenntnis bringen. Sie stellt sich gegen die Ausdehnung eures Bewusstseins. Sie besteht aus Sklaven, die leicht zu kontrollieren sind. Einen Weisen jedoch kann sie nicht vereinnahmen und kontrollieren, deshalb fürchtet sie sich vor so einer Person. Ein wahrer Meister hilft den Menschen, auf eigenen Beinen zu stehen.

Die Gesellschaft hat ihr eigenes System entwickelt, um Sklaven zu produzieren. Dieser Prozess beginnt schon bei der Geburt eines Kindes.

Die Eltern sind die Ersten, die euch Gift einflößen, dann kommen die Schule und das Gymnasium. In kürzester Zeit wird die gesamte Kreativität des Kindes erstickt; dann wird sein Bewusstsein zerstört, denn Sklaven sollen keines haben. Ich klage nicht die Gesellschaft an, sondern ich beschreibe Tatsachen.

Ich will euch nicht dazu verleiten anti-sozial zu werden. Meine Absicht ist es, euch die Fehler unserer sozialen Muster vor Augen zu führen. Nur dadurch können wir unseren Geist vom negativen Einfluss der Gesellschaft befreien.

Eine neue, auf dem Prinzip des Dharma basierende Gesellschaft muss entstehen. Sie wäre sein Segen für die Menschheit. Aber zur jetzigen Zeit ist es schwierig, alle Menschen vom alten Lebensstil abzubringen. Deshalb wende ich mich an spirituell hochentwickelte Personen, um ihren Geist von den Übeln der heutigen Gesellschaft zu befreien.

Die Arroganz früherer Zeiten

Im Verlauf der Geschichte wandelten zu Krisenzeiten immer wieder große Meister auf Erden, um uns zu helfen. Aber unsere Reaktion darauf war erbärmlich. Viele von ihnen haben wir getötet, andere haben wir mit Steinwürfen verjagt. Unsere Bosheit war erschreckend, aber leider macht es die heutige Gesellschaft nicht viel besser.

Was auch immer in der Vergangenheit geschehen ist, ist geschehen, aber bitte wiederholt dieses Muster nicht noch einmal! In dieser schwierigen Zeit kommen uns göttliche Meister zu Hilfe. Sie bringen uns eine göttliche Botschaft. Was wären die Konsequenzen, wenn wir sie schlecht behandeln würden? Die gesamte Schöpfung verehrt diese Meister, nur die Menschen nicht. Sie verstehen nicht. Ich betone nochmals: Das Leben wird den Missbrauch göttlicher Wesen nicht länger zulassen.

Der Wendepunkt

Die Veden haben beschrieben, welche Einstellung ein wahrer Aspirant des Dharma hat. Er betet zu Gott: „Möge das ewige Licht mich zu den weitsichtigen Weisen führen, die dīksha (Einweihung) geben und *tapas* (Bußübungen) ausführen."

Der wahre Schüler bittet Gott um Hilfe und sucht die Führung eines wahren Meisters. Unsere Einstellung sollte die Gleiche sein. Der Dharma ist kein intellektuelles Studium, sondern eine Art und Weise zu leben.

Sehr viele Leben lang habt ihr euer Leben durch eure Sinne gelebt. Ihr habt geglaubt, dass diese Welt alles sei und der wahre Sinn des Lebens blieb euch verborgen. Ihr seid dem Lebensstil der Gesellschaft, in die ihr hinein geboren wurdet, treu geblieben. Viele von euch hatten Begegnungen mit Meistern. Auch Tathāta war oft hier, in verschiedenen Formen, und viele von euch sind mir vielleicht schon damals begegnet. Jetzt ist euer Leben an einem Wendepunkt angelangt. Dieses Instrument Gottes steht vor euch, um euch die Essenz des Lebens zu geben; ich gebe euch den Dharma der heutigen Zeit. Ich lade euch zu Erlösung und ewiger Seligkeit ein.

Um den Dharma zu empfangen, ist eure Hingabe unentbehrlich. Der Dharma fällt euch nicht zu, sondern er muss gelehrt werden.

Ein von der Zeit erwähltes Instrument besitzt die rechte Autorität, um einen Wahrheitssuchenden die Weisheit des Dharma zu lehren. Das ist meine Arbeit, die ich hier tue. Ich verstehe, dass ihr wenig über Tathāta wisst und deshalb Zweifel auftauchen können. Es fehlt euch die subtile Wahrnehmung, um tiefer in die Dinge hineinschauen zu können. Eure Wahrnehmung bleibt an der Oberfläche. Mit euren Augen seht ihr nur den sterblichen Körper von Tathāta.

Möglicherweise seht ihr nichts Besonderes und denkt: „Dieser Mann behauptet, er sei das erwählte Instrument der Zeit, um den Dharma zu lehren, aber wo ist der Beweis dafür?"

Ihr fragt nach meiner Autorität. Eure Fragen sind berechtigt. Dasselbe geschieht auch in eurem weltlichen Leben. Zum Beispiel in einem Gerichtssaal; dort sitzen Richter, um Fragen zu stellen und Entscheidungen zu treffen, damit sie am Ende ein rechtskräftiges Urteil fällen können, dass alle Parteien befolgen müssen. Ein Richter ist eine Person, die dazu bestimmt ist, zu verhören und in Streitfällen zu entscheiden. Das ist sein Mandat.

Es mag sein, dass ihr die Autorität in meinen Worte spürt und euch wundert: „Was gibt diesem Mann das Recht, unser Leben zu kritisieren?" Und so wollt ihr vielleicht mehr über mich erfahren.

Teil 2

Autobiografie

Die indische Tradition misst der Vorstellung große Bedeutung zu, dass Gott in Krisenzeiten auf die Erde kommt, um uns zu retten. Die *Bhagavad Gītā* versichert, dass in solchen Krisenzeiten das Göttliche auf die Erde herabkommt, um die Dunkelheit aufzulösen und den Dharma wieder neu zu errichten.

Um Unklarheiten über diese Worte zu vermeiden, bedarf es einiger Erklärungen. In letzter Konsequenz besteht kein Unterschied zwischen Gott und der Welt. Die Welt ist der manifestierte Aspekt Gottes und Gott ist der unmanifeste Aspekt der Welt. Gott ist überall gegenwärtig. Nichts existiert außer Gott.

Die individuelle Seele bewohnt einen physischen Körper. Im Herzen dieser Seele ist Gott als Zeuge präsent. Somit hat sich Gott schon längst in jedem Wesen der Schöpfung inkarniert. Die Frage könnte lauten: „Wenn Gott bereits vollkommen präsent in der Schöpfung ist, wieso heißt es dann, dass Er von Zeit zu Zeit auf der Erde inkarniert?"

Die Natur ist unsere wahre Meisterin und das Göttliche spricht zu uns und leitet uns durch die Veränderungen in der Natur. Doch seit unser Geist durch falsches Denken verzerrt wurde, können wir die Sprache der Natur nicht mehr klar verstehen. Deshalb muss Gott sich in gewissen Situationen in einer sichtbaren Form manifestieren, die uns den Weg der Wahrheit und des Dharma zeigt.

Solche göttlichen Inkarnationen waren für die Transformation der Welt und die spirituelle Entwicklung aller Wesen außerordentlich wertvoll. Inkarnation bedeutet Herabkunft des Göttlichen auf Erden.

In Notsituationen erscheint Gott manchmal spontan, um zu helfen und anschließend gleich wieder zu verschwinden.

Stellt euch vor, ihr begegnet auf eurem Heimweg an einem abgelegenen Ort einem ertrinkendes Kind, das um Hilfe ruft. Was würdet ihr tun? Ihr würdet sofort ins Wasser springen, um das Kind zu retten! Genauso hilft Gott in schweren Krisenzeiten, wenn Menschen sich in Not befinden. Manchmal verkörpert Er sich durch eine hoch entwickelte Seele auf der Erde, um eine spezielle Aufgabe zu erfüllen. Gott kann sogar kommen, um Zerstörung zu bringen. Er kann sich in guten und in bösen Menschen inkarnieren, je nach Zeit und Umstand. Gott hat viele Gesichter.

Tathātas Auftrag

Lasst uns jetzt eine andere, ganz besondere und sehr wichtige Aufgabe betrachten, die Gott manchmal übernimmt. Sie betrifft die Evolution und Transformation der Geschöpfe.

Jedes Element der Schöpfung steht auf einer bestimmten Stufe der Evolution. Manchmal trifft Gott besondere Vorkehrungen, um den Prozess der Evolution zu beschleunigen. Um Seinen Geschöpfen zu helfen, kommt Gott und lebt mitten unter ihnen. Zu den Menschen kommt er in Menschengestalt, inmitten der Bäume lebt er als Baum und zwischen den Tieren als Tier. Indem Er mit ihnen lebt, schenkt Er ihnen Seine Präsenz und nährt dabei alle Arten von Kreaturen. Könnt ihr euch Gott vorstellen, wie Er als Baum im Wald lebt oder als Vogel am weiten Himmel fliegt? Ich weiß, das ist schwer zu fassen. Dennoch ist es die Wahrheit. Ich spreche zu euch mit der Autorität meiner eigenen Erfahrung.

Denn dies war meine Arbeit seit Anbeginn der Schöpfung. Ich kam so viele Male auf diese Erde, um ihre Geschöpfe zu nähren.

Manchmal lebte ich als Baum unter den Bäumen und manchmal als Tier unter den Tieren. In unzähligen Formen und auf mannigfaltige Art und Weise kam ich mit dem Auftrag zur Erde, das Wachstum ihrer Geschöpfe zu fördern. Daher stammt meine Autorität, um vor euch Zeugnis ablegen zu können.

Dieses Mal bin ich mit einem anderen Auftrag hergekommen. Zu einem höchst kritischen Zeitpunkt komme ich in einem menschlichen Körper zu euch. Es ist die Zeit der Dunkelheit, des *Kāliyuga*, und es herrscht größte Dringlichkeit. Dem Ruf der Zeit folgend ist Gottes Licht in einem sterblichen Menschenkörper erschienen. Ihr kommuniziert jetzt mit diesem Widerschein.

Das Erbe meines Geburtsortes

Tathāta wurde in einer ganz normalen Familie in einem abgelegenen Dorf geboren, das in Kerala, einem Staat Südindiens liegt. Das Dorf heißt Chozhiyakkadu und es gehört zum Distrikt von Palakkad.

Mein Vater war Bauer. Zu jener Zeit war an diesem Dorf nichts Besonderes. Die Bewohner waren arm, unkultiviert, engstirnig und sie hatten keine Vorstellung von den höheren Möglichkeiten des Lebens. Gelegentlich verübten sie zum Vergnügen oder zum Zeitvertreib gemeine Taten.

Sie hatten kein Verständnis und keine Sympathie für Menschen, die nach der Wahrheit oder dem Dharma suchten. Sie führten ein hartes Leben und waren häufig ihren unkontrollierten Begierden ausgeliefert. Einem oberflächlichen Betrachter mag dieser Ort als sehr unpassend für eine göttliche Geburt erscheinen.

Das Dorf scheint ganz gewöhnlich zu sein, aber seine Geschichte ist es nicht.

Tathātas Geburt dort war kein Zufall. Das Dorf ist mit einer wunderbaren Vergangenheit und einer glorreichen Geschichte gesegnet. Vor langer Zeit lebten dort Rishis, Asketen, Heilige und Meister.

Ein heiliger Fluss verlief in Richtung Norden. Große spirituelle Zentren und Tempel schmückten die Gegend. Die Urquelle der Kraft war in all ihrer Herrlichkeit dort gegenwärtig. Im Laufe der Zeit jedoch übernahmen *tamasische*[1] Kräfte die Vorherrschaft und Unglück senkte sich über die Gegend, die nun auf allen Ebenen verfiel. Langsam verschwand alles Glück und mit ihm verließen die Wahrheitssucher und Asketen den Ort. Tempel und spirituelle Zentren verfielen und wurden zu Ruinen. Invasoren fielen ein und zerstörten das reiche Erbe.

Die ganze Pracht ging verloren und die Gegend blieb für lange Zeit unbewohnt. In jüngerer Zeit erschienen arme, unkultivierte Dörfler, die nichts von der reichen Tradition dieser Gegend wussten, und ließen sich dort nieder. Später war es der Wille der Zeit, die verlorene Herrlichkeit dieses Landes wieder herzustellen, und so bestimmte sie meine Geburt in Chozhiyakkadu.

Mutter und Vater

Wie fiel die Wahl der Zeit auf meine Eltern? Mein Vater war in all seinen früheren Leben von königlicher Abstammung gewesen. Er war ein Abkomme der alten Mahabali und Prahlada Könige. Obwohl er in seinem jetzigen Leben ein einfacher Bauer war, so war sein Charakter doch sehr hart und unbeugsam. Diese Qualitäten hatte er in seinen früheren Leben als mächtiger Krieger und Herrscher erworben.

---

[1] Tamas: Finsternis, Unwissenheit, Verblendung

Meine Mutter ihrerseits war eine sehr liebenswürdige Frau. Sie hatte ein unkompliziertes, friedliches und liebevolles Wesen und führte ein frommes Leben.

In einem seiner Vorleben war mein Vater König von Benares, dort wo sich der berühmte Kashi Viswanatha Tempel befindet. Meine Mutter, die aus der Brahmanen-Kaste stammte, war seine Königin. Beide hatten einen sehr unterschiedlichen Lebensstil. Mein Vater, der König, war ein großer Krieger und seine Lebensweise war für die sanfte Natur meiner Mutter unerträglich. Sie fühlte sich traurig und einsam. Sie war eine große Anhängerin von Lord Shiva, der Hauptgottheit des Kashi Tempels und ihre Hingabe an Gott wuchs von Tag zu Tag.

Ihr ganzes Leben war dem Gebet und Bußübungen geweiht. Eines Tages betete sie voller Inbrunst zu Lord Shiva. Sie flehte um seine Gnade, da sie dieses Leben voller Kummer und Verzweiflung nicht länger ertragen konnte. Weshalb erlöste Gott ihre Seele nicht aus der Hölle, zu der ihr Leben geworden war?

Sie weinte bitterlich und fiel in Ohnmacht. Da hatte sie eine übernatürliche Erfahrung. Gott sprach zu ihr: „Der Wille der Zeit wird die Erde mit Dunkelheit bedecken und alle Tugend wird verschwinden. Zu diesem Zeitpunkt wird Gott sich in deinem Leib manifestieren, um den Dharma wieder in der Welt zu errichten. Nach der Geburt des Kindes wirst du nicht mehr lange leben, aber Gott wird durch dieses Kind zu dir kommen und dich zur Quelle zurückbringen."

Ein großer Moment

Danach drehte sich das Rad der Zeit noch viele Male und die Dunkelheit errichtete ihr Reich auf Erden.

Hochmütige Wesen säten Wellen des Terrors über die ganze Erde und das Licht des Dharma verschwand. Die Menschen verloren ihre klare Sicht und die Tore der Hölle öffneten sich auf Erden. Zu dieser Zeit lebten mein Vater und meine Mutter in einer einfachen Bauernfamilie als Mann und Frau zusammen..

Vor mir hatte meine Mutter schon vier Kinder geboren. Die finanzielle Situation meines Vaters verschlechterte sich, denn das Einkommen durch die Landwirtschaft reichte nicht aus, um die Familie zu ernähren. Mein Vater machte sich Sorgen wegen der Verschlechterung seiner Geschäfte.

In dieser Situation geschah es eines Nachts, dass meine Mutter plötzlich gegen Mitternacht aufwachte. Sie verspürte tief in ihrem Herzen einen scharfen Schmerz, der ihren ganzen Körper durchzuckte und sie in eine höchst emotionale Stimmung versetzte. In dieser seltsamen Situation vereinigten sich mein Vater und meine Mutter.

Gleichzeitig glitt der Geist meiner Mutter auf eine andere Ebene des Bewusstseins. Alle Chakren ihres Körpers erwachten, verschmolzen miteinander und erhoben sich in den Himmel. Sofort erschien vor ihr ein blendendes Licht und sie verlor das Bewusstsein. Dieser Lichtstrahl drang begleitet von sieben Strahlen in ihren Leib ein. Diese Strahlen tanzten um das glänzende Licht herum und umgaben es mit einem schützenden Mantel.

Neun Monate vergingen. Der geeignete Moment für die Geburt des göttlichen Kindes war gekommen. Sowie die goldenen Strahlen der Morgensonne im Osten erschienen, ertönte der erste Schrei des neugeborenen Kindes. Es war eine göttliche Geburt. Im Moment der Geburt erwachten die Energien von Mutter Erde und woben eine Wiege aus Licht, um das

Kind zu empfangen. Mein Großvater hörte den Schrei. Er war ein frommer Mann, der ein Leben voller Hingabe und Gebet führte. Lord Vishnu war seine bevorzugte Gottheit. Als er das neugeborene Kind sah, konnte er seinen Augen kaum glauben: Er sah, wie das Kind in einen Lichtstrahl gehüllt direkt über dem Boden schwebte und bemerkte Lord Vishnus sieben große Zeichen an ihm.

Als er diese göttlichen Kennzeichen an dem Kind sah, war er hellauf begeistert und erklärte, Lord Vishnu habe sich in seiner Familie inkarniert. Überglücklich gab er dem Kind den glücksbringenden Namen von Lord Vishnu, Nārāyana. Dann berührte er meine Mutter sanft an der Schulter und sagte ihr, dass der Kreislauf ihrer Wiedergeburten bald enden würde. Der Lichtstrahl, den mein Großvater sah, enthielt die sieben Strahlen, die das blendende Licht im Moment meiner Empfängnis begleitet hatten.

Nach einigen Wochen löste sich das Licht in dem Kind auf. An seine Stelle traten drei Lichtstrahlen, die wie ein Schutzschild um das Kind herumtanzten. Manchmal verschwanden diese Lichter in dem Kind, um danach wieder hervorzutreten. Nach einiger Zeit bildeten diese Strahlen zwei Energiezentren in Form eines Löwen und eines Tigers an beiden Enden des kindlichen Körpers. Der Löwe stellte sich an das Kopfende und der Tiger an das Fußende des Kindes. Sie beschützten es vor jeglicher äußeren Gefahr. Dies ist das Geheimnis der Geburt Tathātas.

Frühe Jahre

So inkarnierte das göttliche Licht in einem menschlichen Körper.

Eine Vielzahl himmlischer Wesen kam, um mit großer Hochachtung ihre Ehrerbietung zu erweisen. Umgekehrt versuchten die dunklen Mächte wiederholt, die Präsenz des göttlichen Lichtes auf Erden zu vernichten.

In solchen Gefahrenmomenten bildete sich sofort ein großer, schützender Schild aus Licht um das Kind herum. Manchmal erschien ein gewaltiger Lichtstrahl in der Nähe seines dritten Auges und erfüllte nach und nach seinen ganzen Körper.

Diese Phänomene dauerten an, bis das Kind das Alter von drei Jahren erreicht hatte. Da begann es zum ersten Mal zu meditieren. Sofort verließ sein Bewusstsein den Körper und verschmolz mit dem Absoluten. Sein Körper fiel zu Boden, wo er ohne jedes Lebenszeichen liegen blieb. Erst nach geraumer Zeit kam das Kind wieder zu sich.

Dieses Ereignis wiederholte sich regelmäßig. Meine Eltern verstanden nicht, was geschah und dachten, Dämonen würden das Kind angreifen. Um es vor diesen Angriffen zu schützen, suchten sie Hilfe bei verschiedenen Heilern der Gegend, aber all ihre Bemühungen waren vergeblich.

Oft beweinte meine Mutter mein Schicksal, sie dachte, ich würde nicht lange auf der Welt überleben. Obwohl sie tief im Innersten ruhig blieb, war sie äußerlich sehr traurig über diese Ereignisse

Das Kind wuchs und wurde fünf Jahre alt. Immer wieder verlor es das körperliche Bewusstsein, denn sein inneres Selbst hatte große Mühe, sich daran zu gewöhnen, in einem Körper zu sein. Seine Mutter und die anderen Familienmitglieder verzweifelten immer mehr wegen des scheinbar so hoffnungslosen

Zustandes des Kindes. Sie waren überzeugt, dass es von bösen Geistern besetzt war.

Meine Mutter lehrte mich, zu Lord Vishnu zu beten, was ich auch bereitwillig tat. Zu dieser Zeit begann die Schule, aber ich konnte mich nicht auf meine Studien konzentrieren. Sowie ich mich auf irgendetwas konzentrierte, zog sich mein Bewusstsein aus dem Körper und von den Sinnen zurück.

Heiliges Basilikum wird gepflanzt

Die Spiritualität des Kindes entwickelte sich immer mehr. Als ich ungefähr zehn Jahre alt war, pflanzte ich nah am Haus ein heiliges Basilikum, um meine Hingabe zu stärken. In der *Bhagavath*, einer Schrift voller Verehrung für die Herrlichkeit Lord Vishnus, wird die Heiligkeit von Basilikum gepriesen. Das Kind begann damit, täglich vor der heiligen Pflanze Rituale zu Ehren von Lord Vishnu durchzuführen.

In der Schule war das Kind sehr beliebt, Mitschüler, Freunde und sogar die Lehrer liebten seine Gesellschaft und seinen Humor. Zum großen Erstaunen seiner Mitschüler und Lehrer konnte das Kind manchmal die Gedanken der anderen lesen.

Abschied von der Mutter

Als das Kind zwölf Jahre alt war, machte es eine erschütternde Erfahrung. Als Vorwarnung begann das Basilikum, vor dem es seine regelmäßigen Rituale zu Ehren von Lord Vishnu ausführte, zu welken. Es heißt, dass das Verwelken eines heiligen Basilikums ein schlechtes Omen sei.

Schweren Herzens stand das Kind vor der Pflanze, ein schreckliches Schweigen umgab es. Es spürte, dass etwas Außergewöhnliches bevorstand.

Die Stimmung wechselte ganz dramatisch und innerhalb von Sekunden verschwand das Basilikum vor seinen Augen und an seiner Stelle stand jetzt die imposante Figur von Lord Vishnu, die daraufhin mit dem Kind verschmolz. Ein neues Erwachen geschah in ihm. Die Intensität dieser Erfahrung war so stark, dass sein Körper in Ohnmacht fiel.

Am nächsten Tag wurde meine Mutter krank. Sie hatte Scharlach, für das es keine wirksame Behandlung gab. Sie wurde ein paar Tage isoliert, doch am neunten Tag verschlechterte sich ihr Zustand drastisch. Jemand brachte das Kind zu seiner Mutter. Meine Schwester bat mich, unserer sterbenden Mutter ein paar Tropfen Wasser aus dem Ganges[1] einzuflößen. Das Kind gehorchte voller Unschuld. Im selben Moment sah ich, wie ein großer Lichtstrahl vom Himmel in meinen Körper herabfuhr und von dort zu meiner kranken Mutter. Ich sah, wie der Lichtstrahl die Seele meiner Mutter aufnahm, sich durch mich wieder himmelaufwärts bewegte und ihre Seele direkt zur Höchsten Quelle brachte. Gottes Versprechen an die Königin von Benares war damit erfüllt.

Die Liebe der Universellen Mutter

Der Tod unserer Mutter brachte unendlichen Kummer in unser Leben. Sie war eine ideale Mutter, voller Liebe für ihre Kinder. Nach ihrem Tod fühlten wir uns verloren, aber selbst dadurch wurde die strenge Natur unseres Vaters nicht sanfter.

1In Indien ist es Tradition, dass Familienmitglieder einer sterbenden Person einige Tropfen Gangeswasser zu trinken geben. Dieses Wasser ist heilig und dient der Seele zumTodeszeitpunkt als Vehikel, um den Körper leichter zu verlassen.

Eines Tages saß das Kind ganz versunken in seinem Gebetsraum. Da sah es einen Heiligen mit einem Tuch auf dem Kopf und einen Hund, die sich ihm näherten.

Der Weise wendete sich voller Liebe und Zuneigung an mich und riet mir, mein Leben der Mutter des Universums zu weihen. In der Gegenwart dieses großen Meisters stieg der Klang eines Mantras zu Ehren der universellen Mutter in mir auf. Ich öffnete meine Augen, das Mantra noch auf den Lippen, da war der Weise schon verschwunden.

Nach dieser Begebenheit konnte ich die Nähe der göttlichen Mutter immerzu spüren. Schon in jungen Jahren hatte ich die Liebe und Zuneigung meiner leiblichen Mutter verloren und nun nahm die univerelle Mutter ihren Platz ein. Sie nährte mich auf jede Weise. Mir fehlen die Worte, um ihre immense Liebe und Zuneigung zu beschreiben. Selbst heute noch überwältigen mich meine Gefühle bei der Erinnerung an diese Tage, die so trunken waren von ihrer Liebe.

Vorbereitung für tapas

In den folgenden Jahren hatte ich viele außersinnliche Wahrnehmungen und Erlebnisse auf den höheren Ebenen der Dimension. Die Jahreszeiten kamen und gingen. Das Kind schloss mit der Schule ab. Sein Geist war von der Sinnenwelt zurückgezogen. Ich hatte kein Interesse, meine Ausbildung fortzusetzen.

Immer stärker wandte sich mein Geist *tapas*[1] zu. Das tiefe Verlangen nach Buße und Enthaltsamkeit entstand in meinem Wesen. Mein Vater bemerkte diese Tendenz und war beunruhigt.

---

[1] Tapas: Intensive spirituelle Praxis, die auch Enthaltsamkeit beinhaltet.

Er bestand darauf, dass ich entweder weiter lernen oder mir eine Arbeit suchen sollte. Um ihn zu besänftigen, begann ich eine Lehre in einer Autowerkstatt und wurde zum Experten an der Drehbank. Schnell fand ich viele Freunde auf meiner Arbeitsstelle.

Einige Monate vergingen, da hörte ich eines Tages eine Stimme, die mir befahl, den Ort zu verlassen und mich für eine große Phase der Enthaltsamkeit bereit zu machen. Dieses Erlebnis wiederholte sich an drei aufeinanderfolgenden Tagen. So verließ ich meine Arbeit, um in die Einsamkeit aufzubrechen.

Weggang von Zuhause

Der Zorn meines Vaters wuchs. Er hielt mein Streben für sinnlos und mein Handeln erschien ihm völlig unnütz. Er setzte mich immer stärker unter Druck. Meine älteren Geschwister rieten mir, den Ratschlägen meines Vaters zu folgen. Die Stimmung in der Familie wurde mir gegenüber unverhohlen feindselig. Da ich zu Hause mein *sādhana*[1] nicht länger praktizieren konnte, beschloss ich schließlich, in einen kleinen, verwaisten Tempel umzuziehen, der in der Nähe lag. Dieser Tempel war Devi, der heiligen Mutter, geweiht.

In der Zwischenzeit war mir ein Buch über Hatha-Yoga in die Hände gefallen. Diese Übungen praktizierte ich sehr leidenschaftlich auf der Terrasse des kleinen Devi Tempels. Dort widmete ich den größten Teil meiner Zeit verschiedenen *sādhana* Übungen. Aber mein Fortgang entflammte den Hochmut meines Vaters noch mehr. Er gab mir nichts mehr zu essen. Also beschloss ich, auf Essen zu verzichten. Tatsächlich verstärkte das nur den Wunsch

---

[1] Sādhana: spirituelle Praxis

nach Rückzug in mir. Ich spürte, dass sich meine spirituellen Ziele nicht verwirklichen ließen, wenn ich das Dorf nicht verlassen würde.

Ich beschloss, nach Rishikesh zu gehen, um *tapas* zu praktizieren. Rishikesh ist ein berühmter heiliger Ort in Indien. Seit ewigen Zeiten haben dort Rishis und Weise gelebt und ihre Enthaltsamkeits- und Buß-übungen praktiziert. So war es ganz natürlich, dass mein Geist von diesem heiligen Ort angezogen wurde.

Aufbruch nach Rishikesh

Das Datum für meine Reise nach Rishikesh stand fest. Doch ich fühlte, dass ich meinem Vater gegenüber eine Verpflichtung hatte, und nicht ohne seine Erlaubnis und seinen Segen fortgehen konnte, um tapas zu praktizieren. Er konnte nicht akzeptieren, dass sein Sohn Asket wurde. Er erklärt, dass er für so etwas niemals seine Erlaubnis geben würde. Auch sollte ich ihm nie mehr vor die Augen treten. Es schien keine Möglichkeit zu geben, ihn zu erweichen. Kurz vor meiner Abreise sandte ich einen Boten zu meinem Vater, um ihm mein Kommen mit der Bitte um seinen Segen anzukündigen. Da mein Vater mir ja schon verboten hatte, vor ihm zu erscheinen, gab er dem Boten eine scharfe Antwort.

Die geplante Stunde meiner Abreise nahte. Ich dachte, das, komme was wolle, ich nicht gehen konnte, ohne die Erlaubnis und den Segen meines Vaters erhalten zu haben.

Entschlossen und voller Hingabe an Gott begab ich mich zu meinem Haus, wo mein Vater in einem Liege-stuhl auf der Veranda lag. Ich betrat den Innenhof mit einem Glas Wasser und bemerkte, dass sich einige Nachbarn in Erwartung des Geschehens um das Haus herum versammelt hatten. Vom Hof aus bat ich um die Erlaubnis, meinem Vater näher zu kommen zu dürfen.

Da geschah etwas Erstaunliches: Mein Vater erhob keinerlei Widerspruch. Als er meine Stimme hörte, begann seine Härte zu schmelzen. Sein Herz schlug schneller, Sanftmut durchdrang sein Wesen und kindliche Unschuld strömte aus seinem Herzen. Wie ein kleines Kind stand er von seinem Stuhl auf und kam auf mich zu. Es war ein sehr berührender Moment. Mit größtem Respekt und Verehrung machte ich eine rituelle Niederwerfung vor ihm. Danach erzählte ich ihm von mir und meinem Auftrag. Tränen liefen ihm über das Gesicht. Er hob beide Hände und segnete mich von ganzem Herzen. Bevor ich ging, nahm mein Vater mir das Versprechen ab, bei seinem Tod an seiner Seite zu sein. Ich gab ihm mein Wort. Nach meinem Vater segneten mich alle meine Geschwister.

Ich löste meine Bindungen an die Welt und verließ das Haus. Ich war allein, ohne Verwandte und Freunde, ohne Haus und ohne mein Heimatdorf. Ich durchtrennte alle Bande und begab mich in die Weite der Existenz. Um meinen Lebensplan zu erfüllen, würde ich als Waise umherwandern. Eine tiefe Seelenqual erfüllte mich. Ich wusste nicht, was ich tun sollte, noch wohin ich gehen sollte. Rishikesh war mein Ziel, doch ich wusste nicht, wie ich dorthin gelangen sollte.

Stellt euch die Gefühle eines Kindes vor, das seine Familie und sein Heimatdorf als Waise verlässt! So erging es mir. Um mein Herz zu trösten, erinnerte ich mich an die Worte großer Meister, die auf die Vergeblichkeit allen weltlichen Lebens hinweisen. Da verließen mich alle Gefühle und ich bewegte mich wie im leeren Raum.

Wanderjahre

Die indische Tradition verlangt, dass man vor jedem großen Unterfangen im Leben den Segen der Eltern, der Älteren und der Meister einholt. Deshalb beschloss ich, Śrī Sathya Sai Baba in Puttaparthy um seinen Segen für meine Aufgabe zu bitten. Ich erzählte ihm von meinem Plan und bekam eine unerwartete Antwort. Er meinte, es sei jetzt nicht der richtige Moment, nach Rishikesh zu gehen und fügte hinzu, dass ich mich nicht wegen eines Ortes für *tapas* sorgen solle, denn dieser Platz würde mir gezeigt werden. Sein Ratschlag passte mir ganz und gar nicht, da er meinen Plan, nach Rishikesh zu reisen, durchkreuzte. Dennoch wollte ich mich nicht respektlos zeigen, indem ich seinem Rat nicht folgte. Etwas verwirrt zog ich für einige Zeit durchs Land und besuchte viele Tempel im Süden Indiens. Dann beschloss ich, den großen Shiva Tempel in Chidambaram, im Gebiet von Tamil Nadu, zu besuchen.

Dieser Tempel hat eine glorreiche Vergangenheit. Viele große Weise und erleuchtete Seelen haben ihn besucht, um Gott zu verehren. Als ich den Eingangsturm des Tempels erreichte und hineinschaute, erblickte ich einen Lichtstrahl, der aus dem Heiligtum kam um mich zu empfangen. Ich folgte dem Licht bis vor das Heiligtum, aus dem das blendende Licht kam. Ich verlor das Bewusstsein der Außenwelt und verschmolz mit dem strahlenden Licht.

Die Zeit ruft mich zurück

Ich beschloss, einige Zeit dortzubleiben, und praktizierte sehr gewissenhaft *sādhana* und *upāsana*[1]. Gewöhnlich saß ich von morgens bis abends in Stille irgendwo im Tempel, völlig durchdrungen vom Licht meines inneren Gewahrseins. Ich vergaß Körper, Geist und die äußere Welt. Ich hatte viele außersinnliche Erfahrungen. Eines Tages traf ich einen Yogi aus Rishikesh, der in der Nähe des Tempels meditierte. Von ihm lernte ich alle Techniken des Raja Yoga, die ich danach in mein tägliches *sādhana* integrierte. Dieser Yogi versprach, mich nach Rishikesh mitzunehmen und einen exzellenten Ort für mein *tapas* zu finden.

In gewisser Weise war ich ruhig, friedvoll und glücklich. Dennoch fühlte ich mich gleichzeitig aus unbekannten Gründen in Sorge. In diesem Zustand hatte ich an drei aufeinanderfolgenden Tage seltsame Visionen, in denen die Stimme der Zeit mir befahl, an meinem Geburtsort zurückzukehren, um dort meine Bußübungen zu praktizieren. Am dritten Tag fühlte ich den starken Impuls, diesem Ruf zu folgen. Da wurde mir die glorreiche Vergangenheit meines Geburtsortes enthüllt. Ich spürte auch, dass es mit der Gesundheit meines Vaters bergab ging und erinnerte mich an mein Versprechen, das ich ihm gegeben hatte. So beschloss ich heimzukehren.

Ein Platz für sādhana

Kaum war ich in mein Heimatdorf zurückgekehrt, begab ich mich zu dem Dorftempel, in dem ich viele Monate lang Zuflucht gesucht hatte.

---

[1] *Upāsana*: Ständige, innere Anbetung. Die gesamte Zeit wird der spirituellen Praxis gewidmet.

So liebevoll wie eine Mutter, die ihren verlorenen Sohn willkommen heißt, umfing mich dort die Energie der Liebe der Göttlichen Mutter. Ich war tief berührt von ihrer unaufhörlichen Liebe zu mir. Dann besuchte ich meinen Vater, dem es sehr schlecht ging. Ich näherte mich ihm und berührte seinen Körper mit Liebe und Respekt, betete für ihn und verließ das Haus. Der Zustand meines Vaters besserte sich sofort, er stand auf, nahm etwas Nahrung zu sich und war bald wieder gesund. Ein paar Tage später rief er mich zu sich, um mir mitzuteilen, dass der Tempel, in dem ich mich niedergelassen hatte, der Dorfgemeinschaft gehörte und ich dort nicht dauerhaft bleiben könne. Er bot mir ein Stück Land zur Errichtung eines Ashrams an. Seine Worte erweckten in mir ein Echo an ein Ereignis, das sich vor langer Zeit abgespielt hatte.

Es geschah während der Dynastie des großen Königs Mahabali. Der König bereitete ein bedeutendes yagña[1] vor. Kurz vor Beginn dieses wichtigen Ereignisses näherte Gott sich dem König in der Verkleidung eines jungen Asketen. Der König wollte dem Jungen jeden Wunsch erfüllen. Doch dieser antwortete höflich, er sei ein Asket und wolle seine spirituellen Praktiken ausüben, wofür er nur drei Fuß Land benötige. Diese Begebenheit wiederholte sich jetzt in einem anderen Kontext. Als mein Vater mir dieses Angebot machte, geriet ich in Erstaunen über die großartigen Wunder der Zeit. Ich antwortete ihm, dass sechs Fuß Land für meine Bedürfnisse genügten. Auf einem Landstück neben dem Devi Tempel baute mein Vater mir einen kleine Hütte und darunter einen Raum für *sādhana.*

---

[1] Yagna: Opfer, Zeremonie des Gebens; ein vedisches Ritual des Opferns an die Götter in Form eines heiligen Feuers.

Große Bußübungen

Für Tathāta begann eine Zeit strenger Bußübungen. Eines Tages geschah etwas Seltsames. Es war Mitternacht und ich ruhte auf der Veranda des Tempels, als ich plötzlich spürte, wie sich die Atmosphäre drastisch veränderte. Das Rascheln der Blätter des nahen Banyan Baumes klang unheimlich und die Stimmung erschien bedrohlich. Inzwischen spürte ich, dass jemand vor mir stand. Als ich meine Augen öffnete, stand da ein riesiger, geisterhafter Schatten vor mir. Ich verstand nicht, was los war. Als er meine Verwirrung sah, stellte der Geist sich vor. Er erklärte mir, dass er zu einer anderen Welt gehöre. Die alten Rishis hatten ihn damals gebeten, dieses Dorf und die Tempelanlagen zu schützen.

Obwohl davon im Laufe der Zeit nur Ruinen übrig geblieben waren, kam er einmal im Jahr hierher. Er erzählte ausführlich von den vergangenen ruhmreichen Tagen und wie der Ort langsam verfallen und heruntergekommen war. Er eröffnete mir meinen Auftrag in der Welt. Während er sprach, erstanden vor meinem geistigen Auge lebhafte Bilder der Geschehnisse, die er beschrieb.

Er erzählte mir von der Vorhersage eines mächtigen Rishis, der mit diesem Ort verbunden war. Dieser Rishi hatte gesagt, dass in der Ära der Dunkelheit die Große Zeit in einem menschlichen Körper erscheinen würde. Dieser Mensch würde zu einem großen Asketen werden. Durch sein *tapas* und seine Enthaltsamkeitsübungen würde er enorme Energie aus dem Universum anziehen. Der verloren gegangene Ruhm und die großen, vedischen Rituale würden durch ihn zu ihrer ursprünglichen Größe zurückfinden und diese Gegend würde zu gegebener Zeit ihren spirituellen

Ruf wieder erlangen. Dann würden Rishis und Asketen, die im entfernten Himalaya in ihren Höhlen sitzen, in ihren Visionen das blendende Licht der großen Urquelle von diesem heiligen Platz ausstrahlen sehen und sich auf den Weg hierher machen, um ihre Ehrfurcht zu bezeugen. Nachdem er mir all das erklärt hatte, verschwand das geisterhafte Wesen wieder dorthin, woher es gekommen war.

Tantrische Rituale

Meiner inneren Führung folgend praktizierte ich zu dieser Zeit viele tantrische Rituale. Die Ur-Energie manifestierte sich vor mir in vielen verschiedenen Formen; sie zeigte sich mir auch in ihren fürchterlichsten Aspekten, deren Anblick für den normalen menschlichen Geist unerträglich wäre. Doch ich scherzte mit ihr, wenn sie in Ihrem grimmigen Aspekt erschien. Später erhielt ich Anweisungen, um meinen physischen Körper so zu stärken, dass er die volle Kraft der Höchsten Quelle aushalten konnte. Ich wurde zu einem Yogi in einem nahen Dorf geführt, um eine spezielle Yoga Technik der Kraftansammlung zu lernen. Dieser Yogi hatte eine Familie. Seine früheren Leben wurden mir gezeigt und ich verstand, warum er diesmal ein gewöhnliches Leben führte. Sein spiritueller Name war Atmananda-Yogi. Er lehrte mich eine spezielle Technik, um enorme Energie anzusammeln, und ich übte diese Methoden sehr intensiv.

Solche strengen Bußübungen schwächten meinen physischen Körper. Zwei kleine Früchte, eine Handvoll Blätter vom Neembaum und ein Glas Wasser waren seit vielen Jahren meine ganze tägliche Nahrung.

Mein physischer Körper konnte der Kraft des yogischen Feuers nicht standhalten und einige Male wäre ich beinahe in Ohnmacht gefallen. Dennoch verpasste ich mein *sādhana* an keinem einzigen Tag. Irgendwie gelang es mir immer aufzustehen und, an eine Mauer gelehnt, mein *sādhana* auszuüben. So groß waren die Ernsthaftigkeit und Hingabe mit der ich mich meiner spirituellen Praxis widmete. Ich hatte keine Angst vor dem Tod und fürchtete mich auch nicht vor körperlichem und geistigen Schaden. Ich riskierte viel und obwohl mein physischer Körper zeitweise sehr erschöpft war, wuchsen meine innere Stärke und Kraft ganz enorm.

Eine große Erfahrung

Monate vergingen. Eines Morgens saß ich bei Sonnenaufgang in Meditation, da durchflutete mich völlig unerwartet eine großartige Erfahrung. Der Knall einer Explosion durchdrang mein ganzes Wesen. Mein Körper dehnte sich riesig weit aus bis er das ganze Universum umfing. Ich sah alles in mir. Die Erde, Sonne und Galaxien, sie alle kreisten in mir. Ich sah helles Licht in einigen Teilen des Universums aufleuchten und Dunkelheit andere Teile umfangen. Ich hatte keine Ahnung, was da geschah. Im nächsten Moment hörte ich einen seltsamen Klang. Gleichzeitig erhoben sich Energiewellen, die aus allen Teilen des Universums zusammenströmten, und bewegten sich aufwärts. Plötzlich erschien aus einer unsichtbaren Quelle ein mächtiger Strom aus Licht, der gleich einem Wasserfall nach unten stürzte und das ganze Universum überschwemmte. Lange Zeit blieb ich in dieser mir unbekannten Dimension. Als ich zu meinem Tagesbewusstsein zurückfand und die Augen öffnete, war es später Abend.

In den folgenden Tagen konnte ich mein Bewusstsein nicht auf der physischen Ebene halten. Es bewegte sich durch viele Dimensionen. Erst drei Monate später kam ich wieder in meinem normalen Zustand zurück.

In dieser Phase geschah sehr viel. Das Wissen aller Dinge erwachte in mir, alle Ungewissheit verschwand. Das Erwachen fand in jedem Teil meines Wesens statt. Das Licht der Höchsten Wahrheit begleitete mich unentwegt. Übermenschliche Fähigkeiten erwachten in mir. In meinem Raum sitzend konnte ich alles sehen, alles tun und überall hinreisen.

Indem ich die passenden subtilen Körper wählte besuchte ich verschiedene Welten. Dort begegnete ich Rishis, Weisen und himmlischen Wesen. Ich bereiste auch die Reiche der Dunkelheit und wurde Zeuge der Taten dunkler Mächte.

Die Ankunft Agastyas

Obwohl ich solche Kräfte und Fähigkeiten besaß, verursachte mir mein angeschlagener Körper starke Probleme, ich wurde von einem inneren Feuer verzehrt. Ich badete in kaltem Wasser und bestrich mich überall mit Lehm, doch das Gefühl des Verbrennens wich nicht. Daran litt ich zwei oder drei Jahre lang. In dieser Zeit geschah ein anderes entscheidendes Ereignis. Ich saß mit geschlossenen Augen in meinem Raum, dessen Tür von innen verriegelt war, als ich eine Gegenwart spürte. Ich öffnete meine Augen: Vor mir stand der große Rishi Agastya[1]. Er erklärte mir, dass die Energiezentren meines Körpers aus dem Gleichgewicht geraten seien und er gekommen sei, um mir zu helfen.

---

[1] Agastya ist einer der unsterblichen Siddhas (perfekter Meister).

Rishi Agastya strich mit seinen Händen über die Hauptenergiezentren meines Körpers. Sofort vereinigten sich die verstreuten Energien meiner Chakren zu einer Aufwärtsbewegung. Von oben ergoss sich ein Strom aus Nektar in meinen physischen Körper. Alle Chakren wurden balanciert und ich erlebte wie jedes einzelne erwachte. Ein leuchtender Fluss universeller Energie begann mit großer Fülle in meinem ganzen Körper zu kreisen. Danach war das Brennen in meinem Körper verschwunden und ich fühlte mich wieder wohl in meinem Körper. Rishi Agastya folgend kamen noch viele Heilige zu mir. Sie boten ihre Hilfe an und praktizierten Yoga-Techniken mit mir.

Das Ende der Suche

Selbst dann fand ich noch keine Ruhe. Ich hatte sublime Erlebnisse und Ekstasen. Übersinnliche Kräfte und Fähigkeiten entwickelten sich in mir. Doch ich fragte mich erneut, was als Nächstes kommen sollte. Ich will den Grund dafür erklären. Die Zeit war für meine Unruhe verantwortlich. Sie drängte mich, von einem Stadium zum nächsten überzugehen, und ließ nie zu, dass ich irgendwo rastete. Mein ganzes Leben verlief so. Der Wille der Zeit war klar. Sie wollte ein perfektes Instrument für den Fluss der Höchsten Energie des Dharma auf der Erde schmieden. Das war meine Lebensaufgabe.

Eine Zeit lang lebte ich mit yogischen Fähigkeiten (*Siddhis*). Ich hatte die Fähigkeit, alles zu bewirken. Sogar Steine in Gold zu verwandeln war kein Problem. Aber mein Geist war auf höhere Ziele ausgerichtet und ich sah keinen Grund darin, mit den *Siddhis* zu spielen, die ich lediglich als Hindernisse für meine Aufgabe ansah. Zu dieser Zeit erreichte mich der innere Ruf der Urquelle. Ich beschloss, alle meine Errungenschaften, die yogischen Fähigkeiten und *Siddhis*, der Höchsten Quelle, aus der alles kommt, hinzugeben.

Ich arrangierte ein großes Ritual, in dem ich alles hingab, meinen Körper, meinen Geist, mein ganzes Handeln und meine Fähigkeiten. All diese Dinge opferte ich der Ur-Quelle. Ich stand als bezeugendes Bewusstsein jenseits von Allem. Die ursprünlichen Elemente meines Seins kehrten zu ihrer Quelle zurück. Die höchste Macht erschien vor mir in Form eines hohen *Lingam*[1] aus blendendem Licht und sagte: „Deine Bemühungen sind nun beendet. Ich übernehme dieses Instrument. Von nun an werde Ich durch diesen Kanal handeln und durch ihn wird sich Mein Ruhm entfalten. Ich werde die reinste Energie des Dharma durch ihn in die Welt aussenden. Meine tiefgründige Mission wird sich durch diesen menschlichen Körper erfüllen."

Begegnung mit der Großen Zeit

Nach dieser weitreichenden Erfahrung saß Tathāta viele Monate in Meditation. Im klaren Spiegel meines Geistes tauchten Gedanken über die absolute Herrschaft der Zeit auf. Denn Schöpfung, Erhaltung und Zerstörung des Universums finden im Herzen der Großen Zeit statt. Die ganze Welt steht unter ihrer Herrschaft.

Niemand kann sich der Autorität der Zeit widersetzen, auch nicht Yogis, Seher oder Heilige. Zeit ist Macht und Energie (shakti). Sie ist der aktive Aspekt des Göttlichen.

---

[1] Lingam: das einfachste und älteste Symbol für Lord Shiva, gewöhnlich in Form eines zylindrischen Steins mit abgerundeter Spitze.

Doch Tathāta weiß, dass die absolute Wahrheit, die Quelle des ewigen Dharma, jenseits der Zeit liegt. Ich sagte mir: „Solange ich mich nicht selbst jenseits der Zeit befinde, wie kann ich da meinen Auftrag, den Dharma in die Welt zu bringen, erfüllen?" Tathāta meditierte über die Wirklichkeit und erkannte, dass Gott in allem enthalten ist. Die Bewegung der Zeit manifestiert Seinen Willen. Das ist das Geheimnis der inneren Funktionsweise des Universums. Ich fühlte jedoch, dass meine Erkenntnis nicht vollständig sein würde, solange sie nicht zu einer tatsächlich erlebten Erfahrung würde.

Deshalb unternahm Tathāta eine neue Reise, um die Autorität der Zeit in ihrer ganzen Fülle zu erfahren. Tathāta betete um den Segen der Zeit und begab sich in tiefste Meditation. Mein Bewusstsein begann sich durch verschiedene Existenzebenen zu bewegen. Ich erkannte, dass ich mich allmählich auf den Nullpunkt aller Dinge zu bewegte. Dort begegnete mir ein so gewaltiges Phänomen, dass es kaum zu beschreiben ist.

Es glich einem riesigen Rad oder Spiralwirbel von unbegrenztem Ausmaß. Ich sah, wie er sich mit großer Geschwindigkeit drehte, wobei er eine durch nichts zu erschütternde Autorität geltend machte. Der Anblick war so erschreckend, dass es fast unmöglich war hinzusehen.

Plötzlich hörte ich eine Stimme sagen: „Ich bin die große Zeit, nach der du suchst. Niemand kam jemals zu mir, noch ist jemals jemand über mich hinausgegangen. Das ist unmöglich." Ich verbeugte mich vor der Stimme und antwortete voller Respekt: „O Zeit, ich komme zu dir, koste es, was es wolle." Sofort zog mich der große Spiralwirbel in sich hinein. Was danach passierte ist jenseits aller Vorstellung.

Wie ein trockenes Blatt im Sturm wurde ich in dem mächtigen Zeitwirbel hin und her geworfen. Es gab keinen Ausweg und ich wusste nicht, wie mir geschah. Ich fühlte mich vollkommen erschöpft, trotzdem bewegte ich mich immer mehr auf das Zentrum zu, bis ich ins Auge des Zyklons gelangte. Von dort aus wurde ich plötzlich auf die andere Seite hinausgeschleudert.

Tathāta befand sich jenseits der Großen Zeit und wandte sich an Sie: „O Zeit! Nun befinde ich mich sogar jenseits von dir und verbeuge mich vor dir." Jenseits gab es nichts, nur reine Leere.

Ich bin DAS

Wie eine kaum fühlbare Brise schwebte Tathāta durch den weiten Himmel der Leere. Schließlich bemerkte ich in weiter Entfernung goldene Lichtstrahlen. Ich näherte mich der Quelle des Lichts und erblickte eine wunderschöne, goldene Kugel, die einer aufgehenden Sonne glich. Die Herrlichkeit dieser Erscheinung ist unbeschreiblich. Ich konnte sehen, wie sie sich von Moment zu Moment weiter ausdehnte, bis alle Grenzen verschwammen. Ihr Glanz wurde zunehmend intensiver.

Tathāta tauchte in die unendliche Pracht des strahlenden Lichts ein. Immer tiefer tauchte er ein, um sich endlich mit ihr zu vereinen. Nun stand Tathāta in seiner wahren Heimat, dem Wohnsitz der absoluten Wahrheit. Von dort richtete sich seine Aufmerksamkeit auf alle Wesen der Schöpfung und er beschloss, auf die Erde zurückzukehren, um seine Verpflichtungen zu erfüllen.

Indem ich noch einmal das Rad der Zeit durchquerte, diesmal ohne jede Schwierigkeit, betrat ich wieder die Dimension von Zeit und Raum und vereinigte mich mit erneut mit meinem physischen Körper.

Ich möchte euch jetzt die Bedeutung dieses Ereignisses erklären. Um als vollkommene Autorität des Dharma zu wirken, war es notwendig, über die Zeit hinauszugehen. Denn es wäre nicht möglich gewesen, die Veränderungen der Zeit zu beobachten, das Licht des Dharma der jetzigen Ära zu entzünden und dabei noch in der Zeit zu sein und ihren Schwankungen unterworfen zu sein.

Nach diesen Ereignissen kehrte Tathāta auf die Erde zurück und konnte nun das Wissen des Vergänglichen mit dem des Ewigen verknüpfen. Deshalb erkläre ich, dass ich befähigt bin, euch den Dharma der jetzigen Zeit zu bringen.

Danach geschah ein anderes, bemerkenswertes Ereignis. Tathāta betrieb intensive Forschungen, um die praktischen Details des Dharma auszuarbeiten. Im Verlauf dieser intensiven Suche begab sich mein Bewusstsein auf eine seltsame, unbekannte Ebene, wo ein großer Rishi bereits auf meine Ankunft wartete. Unsere Diskussion über die Zukunft des Lebens auf der Erde war von enormer Bedeutung. Der Rishi bestätigte, dass der Dharma der heutigen Zeit auf dem Wissen der Veden begründet sein muss.

Er erklärte sehr lebendig verschiedene Aspekte in Bezug auf das menschliche Leben auf der Erde. Dieses höchst fruchtbare Gespräch mit *Adi*[1] *Rishi*, der vor langer Zeit die Rishis, die Urheber der Veden, inspiriert hatte, half Tathāta die praktischen Details

---

[1] Adi aus dem Sanskrit: Anfang, Ursprung, Beginn

festzulegen, um den Erfordernissen der Welt gerecht zu werden.

Es war meine Absicht, euch einen kleinen Eindruck von manch wunderbaren Erfahrungen, durch die ich gegangen bin, zu vermitteln. In dieser Zeit machte ich umfangreiche Reisen durch alle Ebenen der kosmischen Realität. Ich traf viele große Rishis, Seher und Meister. Auch *Devas* (Himmelswesen), *Asuras* (Dämonen) und zahlreichen anderen Arten von übernatürlichen Geschöpfen begegnete ich. Tathāta beobachtete die Aktivitäten der *Devas* und *Asuras* gründlich, indem er sich in ihre Welt begab. All diese Begegnungen waren sehr nützlich als Vorbereitung für meine jetzige Aufgabe für den Dharma auf der Erde. Viele Male zog ich mich von der äußeren Welt zurück, wenn es für meine Arbeit auf der Erde notwendig wurde. Ich reiste auf andere Ebenen der Existenz, um Klarheit zu finden oder Bestätigungen aus anderen Quellen zu bekommen. Dieser Prozess setzt sich bis heute fort.

Die Mission des Dharma

Danach verlor ich jede Spur von Individualität. Mein Körper funktionierte wie ein ausgehöhlter Kanal, der vom Fluss der höchsten Energie des Dharma durchströmt wird. Die Zeit agierte spontan durch dieses Instrument. Alle alten Verhaltensmuster lösten sich auf. Ich sah mich in der Welt um und fand, dass die Dunkelheit ihren Schleier über alles ausgebreitet hatte. Nicht nur die Menschen, sondern auch große, spirituelle Zentren und Tempel waren in Dunkelheit gehüllt. Es war schwierig, das Herz der Menschen zu öffnen, um das Licht des Dharma zu verbreiten. Ich dachte lange darüber nach, wie ich die Aufgabe angehen sollte.

Dann beschloss ich, die spirituellen Orte, Tempel und heiligen Plätze zu besuchen, um ihre schlafenden Energiezentren zu wecken. Ich reiste durch Indien und verrichtete Gebete und Rituale an diesen Orten. Die Meister und himmlische Wesen rief ich auf, sich zu erheben und bei der Aufgabe mitzuwirken, den Dharma in die Welt zu bringen. Der Zusammenhang zwischen den Veden und dem Dharma wurde mir offenbart. In den Veden fand ich unschätzbar wertvolle Quellen, absolut notwendig für die Neuausrichtung der Welt. Ich organisierte feierliche Rituale, die vom vedischen Wissen inspiriert waren. In der Folge strömte Energie im Überfluss auf der Erde. Ich gedachte der großen Meister der Vergangenheit, die auf der Erde erschienen waren, um das Licht des Dharma neu zu entzünden. Das Leben und die Mission von Budha reflektierten in meinem Geist. Ich sah ganz klar, dass die Prinzipien der Veden und der Dharma des Buddha ein und dasselbe sind.

Verkündung des neuen Dharma

Dann unterwies mich die Zeit, den Dharma für das neue Zeitalter zu verkünden. In einer Vision sah ich, wie die Prinzipien der Veden und der Dharma des Buddhas verschmolzen und sich zu einem einzigen Fluss des göttlichen Dharma verbanden. Die Zeit, den neuen Dharma zu verkünden, war gekommen. Ich begab mich zum Kashi Viswanatha Tempel und weiter nach Sarnath, um den göttlichen Dharma zu verkünden. Tausende von Jahren zuvor hatte auch Buddha seinen Dharma in Sarnath verkündet. Dort fand ich die Ruinen der Tempel, die seinen Dharma empfangen hatten. Dunkle Mächte versuchten, mein Vorhaben zu verhindern. Ich forderte sie auf, die Umgebung zu verlassen, ohne Ärger zu machen.

Ich warnte sie, dass sie sich dem Willen der Zeit nicht widersetzen konnten.

Es war ein klarer, heller, Morgen. Am östlichen Horizont erschien die aufgehende Sonne und badete die Erde in goldenem Licht. Es war ein glückverheißender Moment. Ich ließ mich an einem heiligen Platz nieder und der göttliche Dharma für die neue Welt strömte kraftvoll aus mir heraus, während auf subtilen Ebenen viele wunderbare Dinge geschahen. Ich blieb eine Weile dort, da erreichte mich ein Ruf, der von der Existenz selbst kam. Ich hörte, wie sie mich „Tathāta"[1] nannte. Ich sah die Existenz, sie tanzte voller Freude und wiederholte den Namen „Tathāta". Da akzeptierte ich die Namensgebung der Existenz.

Die Errichtung des Dharma Pīṭha

Tathāta hat nicht die Absicht, irgendetwas zurückzuweisen oder zu zerstören. Ich bin gekommen, um die Kreativität des menschlichen Lebens neu zu beleben. Im Laufe der Zeit beschenkte uns Gott durch die Tradition der Meister mit so vielen Juwelen der Kreativität, die wir heute jedoch verloren haben. Es ist mein Anliegen, diese Schätze zu bergen und die Menschen neu damit zu beschenken. Meine Wege sind ganz klar. Es ist mein Ziel, die Heiligkeit des menschlichen Lebens auf der Erde wieder zu beleben. Deshalb lege ich alles offen. Ich spreche über die Schönheit von Yoga, Meditation und Hingabe. Ich spreche über unsere Probleme, deren Hintergründe und die Heilmittel dafür. Ich spreche über das menschliche Leben und ich spreche über die Zeit und den Dharma.

---

[1] Tathata bedeutet: „Der, der Das ist." Dies entspricht einem Zustand absoluter Vollkommenheit.

Ich sorge mich nicht übermäßig darum, ob die Menschen meine Botschaft annehmen oder nicht. Ich könnte die Botschaft den feinstofflichen Wesen vermitteln. Meine Bemühungen werden niemals umsonst sein. Irgendwann, früher oder später, wird die Menschheit diese Botschaft annehmen, denn es ist der Wille der Zeit!

Von der allerhöchsten Wahrheit brachte ich das Licht des Dharma in diese Welt der Dunkelheit. Dann trug ich dieses Licht viele Jahre lang in meinem Herzen, während ich nach einem passenden Ort suchte, wo die Energie des Dharma auf der Erde verankert werden konnte.

Viele Hindernisse tauchten auf, eins nach dem anderen. Doch schließlich, am 6. Juli 2006, war mein großer Auftrag erfüllt: Die Zeit errichtete den Dharma Pītha auf Erden. Der Dharma Pītha ist ein goldenes Tor zur Göttlichkeit, die tief in jedem Wesen schlummert. Gesegnet seien diejenigen, die ihm vertrauen; ein Leben voller Glück erwartet sie. Der Dharma Pītha ist ein großer Kraftort, aus dem sich ein ununterbrochener Strom der Energie des Dharma und der göttlichen Liebe weltweit in alle Himmelsrichtungen ergießt. Die Herrlichkeit dieses Tempels ist unermesslich.

Die Falle menschlicher Wunder

Jetzt lade ich euch dazu ein, euer Leben im Dharma einzurichten. Kinder, bitte lauft nicht hinter menschlichen Wundern her, denn sie sind die Fallstricke der dunklen Mächte, um euch einzufangen. Diese Mächte zeigen ihre Wunder vor bestimmten, schwachen Individuen. Hütet euch vor solchen Wundern und Personen, die behaupten, übermenschliche

Fähigkeiten zu besitzen. Öffnet stattdessen eure Augen für die Wunder der Existenz.

Das größte Wunder überhaupt vollbringt Gott hier auf der Erde. Lasst uns im Wunder Gottes verbunden sein. Ihr werdet sehen, die Zahl der menschengemachten Wunder wird in Zukunft immer mehr zunehmen. Während ich um die Welt reise, um das Licht des Dharma zu bringen, verbinden sich die dunklen Mächte, um eure Aufmerksamkeit von diesem Weg abzulenken. Sie werden in schwache Personen eindringen und Magie vorführen. Schließlich seht ihr Hunderte von Menschen, die vorgeben übermenschliche Fähigkeiten zu haben.

Dann erinnert euch an meine Worte. Ich versichere euch, dass keine dunkle Macht es wagen wird, diejenigen und ihre Familie anzugreifen, die aufrichtig meinem Weg folgen.

Der Ruf Tathātas

Tathāta ist keine individuelle Seele, die gekommen ist, um Befreiung oder Erleuchtung zu suchen. Ich will niemanden durch übernatürliche Fähigkeiten anziehen. Ich gehöre nicht zu irgendeiner Kategorie von Yogis oder Asketen. Dieser menschliche Körper ist nur eine Schöpfung der Zeit. Die Existenz selbst hat dieses Instrument genährt, da dringende Not bestand. Mein Kommen war eine absolute Notwendigkeit, weil sich die Zukunft der Erde und der Menschheit in so einer hoffnungslosen Situation befand.

Deshalb schuf die Zeit ein Instrument, um das reinste Licht des Höchsten in Fülle auf die Erde zu bringen. Diese göttliche Energie fließt durch mich als Dharma. Er wird die Erde vor der totalen Zerstörung bewahren. Er wird Gottes Willen auf Erden erfüllen.

Was durch dieses Instrument geschieht, kann nicht vollständig erklärt werden. Ich kann nur sagen, dass durch diese Erscheinung ein wahres Wunder Gottes geschieht.

Die Große Zeit wollte den physischen, ätherischen und mentalen Körper von Tathāta zu einem perfekten Kanal für die höchste Energie des Dharma formen. Dafür orchestrierte die Höchste Macht die Abfolge der Begebenheiten, die hier beschrieben worden sind.

Kinder, seid euch der vergänglichen Natur eures Lebens bewusst. Der Tod steht immer hinter euch und niemand kann sagen, was morgen passiert. Wir sind nur kurze Zeit auf Erden, warum sollten wir dann nicht ein edles, tugendhaftes Leben führen? Bitte gebt euren Stolz auf! All euer Wissen ist begrenzt. Die Wahrheit liegt jenseits eures Wissens. Bis hierhin war euer Leben sinnlos. Jetzt lädt Tathāta euch ein, den königlichen Weg eines edlen Lebens zu beschreiten. Das ist unser Dharma!

Geht ohne Angst voran: Das göttliche Licht wird euch durch Tathāta leiten, der euch den Weg zeigt und euch beschützt. Seid durchdrungen vom Dharma und werdet zu Trägern seiner Flamme!

Der Sieg ist gewiss: Ein Leben in göttlicher Freude!

Om Śrī Tathātāya Vidmahe
Dharma Pīṭhhāya Dhīmahi
Tanno Dharma Pracodayāt
Oṃ Śāntiḥ Śāntiḥ Śāntiḥ

Buchempfehlung

Śri Tathāta
Dharmayanam
Das Gefäß des Dharma

ISBN 978-3-7357-8229-8

Preis: 14,90€

Wir befinden uns an einem Wendepunkt der Zeit. Der göttliche Wille wartet darauf, dass wir zu einer neuen, friedlichen Lebensweise finden, die sich im Einklang mit dem kosmischen Rhythmus befindet. Die Prinzipien des vedischen Dharma sind dabei eine äußerst wertvolle Hilfe.

Śri Tathāta schildert die Ereignisse seines Lebens aus der Perspektive eines verwirklichten Wesens. Seine Worte haben die Kraft, das Herz und die Seele eines jeden Menschen zu berühren, der sich nach einem erfüllten Leben in Harmonie mit der Schöpfung sehnt.

Wenn Sie mehr über Śri Tathāta und unseren Verein wissen möchten, besuchen Sie unsere Webseite:

www.sritathata.de